モノ・人・心の
悩みが消えていく

断捨離道場

やましたひでこ

講談社

はじめに

断捨離

捨てようが、捨てまいが、実は、そんなことはどうでもよくて。
問題なのは、捨てたいのに捨てられないと悩むこと。

断とうが、断つまいが、実は、そんなことはどうでもよくて、
問題なのは、断ちたいのに断てないと苦しむこと。

離れようと、離れまいと、実は、そんなことはどうでもよくて、
問題なのは、離れたいのに離れられないと煩うこと。

悩むこと、
苦しむこと、
思い患うこと、

これらは、執着心、つまり、惜しむ気持ちからくるのですね。

逡巡

躊躇

そう、私たちは、戸惑い、ためらうのが習い性。

だから、戸惑ったり、ためらったりするのは当たり前で、

ならば、そんな自分に寄り添うことが大切で。

そうか、わたし、今、戸惑っているんだ……

そうか、わたし、今、ためらっているんだ……

もしも、そんなふうに自分の気持ちを俯瞰できたならば、

そんな迷う自分も愛しく感じられるはず。

そして、そこから、新たな思考、つまり、どうしていけばいいのか
という考えが生まれてくるのですね。

あなたの人生は、あなた自身のもの。
わたしの人生は、わたし自身のもの。

自分の人生は自分で決めてこそ、なんですね。

これまでにわたしの元に寄せられた、多種多様な質問をまとめた
人生劇場とも言える「断捨離道場」で、
どうぞあなたの舞台を愉《たの》しんでくださいますように。

やましたひでこ

モノの章

人の章

心の章

モノの章

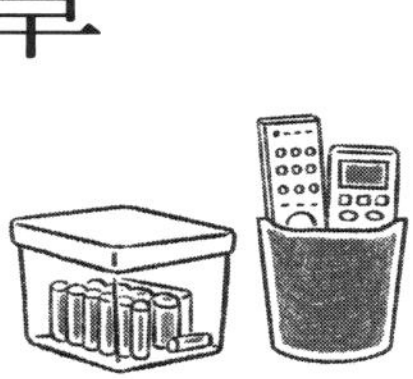

お金が貯まらないのは容量オーバーの財布のせい？

私が使っている長財布は、クレジットカードやポイントカード、レシート、クーポン、病院の診察券などでいつもパンパンに膨らんでいます。先日、雑誌で「パンパンの財布を持っている人はお金が貯まらない」という見出しを目にして、改善したいと思いました。お金を貯めるためには、まず何から減らせば良いでしょうか？

私は、お財布を見ればその人の家の様子が手に取るように分かります。なぜなら断捨離では、お財布もひとつの「空間」として考えるから。そう、お財布とはお金にとっての「住空間」。お金にとって居心地が良いと感じられる空間ならば長居してくれますし、逆に居心地の悪い空間ならば自然と滞在時間は短くなります。

そして、この「お金にとっての住空間」を作り出しているのは、持ち主である私たち。好みのデザインは人それぞれ違いますが、大切なのは「その家（お財布）で住人（お金）が快適に暮らしているかどうか」なのです。

そう考えると、どれだけ素敵なデザインであっても、手入れもせず、中身はレシートだらけで、いくらお金が入っているかも分からない。そんな残念なお財布を持ち歩いている人が、金運を上げられるはずがありませんよね。

断捨離では、自分自身で「不要・不適・不快」なモノを取り除くことで、人生に「要・適・快」を招き入れますが、これはお財布という空間でも同じ。要は「あなたのお金がきちんと機能できるような空間になっているか」が重要なのです。

大抵の場合、パンパンに膨らんだお財布の中に入っているのは、レシートや領収書、病院の診察券、ポイントカード、お店の割引券の類《たぐ》い。時には、年に数回しか使わない図書館の貸し出しカードや銀行のキャッシュカード、クレジットカードが何枚も眠っていることもあります。これではいざ使おうと思っても、即座に見つかるはずがありません。

「何から減らせば良いでしょうか？」とのご質問ですが、まずは普段からレシートをこまめに取り出す習慣をつけることです。レシートは、あなたがきちんとお金を払って品物を手に入れたという、ただの証拠品。仕事関係の領収書や、家計簿をつけるために必要なもの以外は帰宅後にさっさと処分するに限ります。

また、割引券は使用期限が切れていませんか？　切れているものは即処分し、切れていないものも「期限内に使えるのか」「本当に使いたいのか」を問い直しましょう。

病院の診察券は、病院に行く時にそのつど持ち出す。クレジットカードはメインで使っている1枚だけを携帯する。ポイントカードは、ポイントが貯まった時の特典を確認し、よほど魅力を感じるもの以外はもらわない。そうするだけで、随分とお財布の中がすっきりするはずです。

また、私はこうも考えます。お金とは、人間が活動するためのエネルギーの源なのではないかしら、と。例えば、車を走らせるためにはタンクにガソリンを入れるだけでなく、燃焼させてエネルギーに変えなければいけないのと同じで、お金も持っているだけでなく「使わないと機能しない」のです。

世間には「節約は美徳である」という考え方がありますが、実は節約にも「時間」というエネルギー、「労力」というエネルギーがかかっています。試しに、節約するためにかかった時間・労力と、節約できた金額を比べてみてください。はたして見合うだけの結果でしょうか。

「節約しなければいけない」と思い込みながら毎日生活していると、フリーザーバッグを洗って干して何度も使ったり、小さなゴミ袋が満杯になるまで捨てるのをためらったりと、不要なエネルギーを消費します。それでは心が疲弊してしまいませんか。

お金は「通貨」とも呼ばれますが、その名の通り「通過」していくものです。断捨離はモノを「出す」ことで人生の新陳代謝を促しますが、お金に関しても、**呼び込むためにはまず「出していく」ことがポイント**です。

そして、お金を使う時には「その時、その場の最上級を選ぶぞ！」という意識を持つこと。無理に高価なモノを買うということではなく、**今自分が持っているお金を、自分が心地良くなるためにどう使うか。この選択と実践を繰り返しながら、いい循環を作っていくことこそが「お金に好かれる第一歩」**だと思うのです。

そのためには、まずお財布という空間と向き合い、そこに溜め込まれた不要なモノと向き合うこと。なかなか家の中を片づけられないならば、まずお財布の中から始めてみましょう。

福袋や100円グッズをつい買ってしまいます

私の趣味は、雑貨の福袋や100円グッズを買うことです。福袋を開ける時のワクワク感や、こんなに便利なモノが100円で手に入った！　という喜びがたまりません。でも断捨離するようになって、これらを買い求めたあとに後悔することが増えてきました。これらとうまく付き合えるようになりたいです。

「お得」で「便利」なモノを買い求める人々で賑わう100円ショップ。また、初売りには有名ブランドの福袋目当てに、順番が出来たり。

そんな光景を目にするたびに、私はこう思うのです。**私たちの本能は、いつも「獲物」を探すようにできている、**と。

「私は欲しいモノを買うために、買い物をする」。いいえ、これはまったくの勘違い。事実は、「私は買い物をしたいがために、欲しいモノを探す」なのです。つまり「私は足りないモノがあるので、買い物に行く」ではなく、「私は買い物に行きたいがために、足りないモノを探す」。もしくは「私はせっかく手にしたモノを、残念ながら捨てている」ではなく、「私は新たに手にしたいがために、せっかく手にしたモノを捨てている」。

そう、私たちがついムダなモノまで買い求めてしまうのは、モノの不足が満たされるからではなく、獲得行動が満たされていないから。そうでなければ、家の中にたくさんのモノがあふれているにもかかわらず、これ以上モノを買うなんてことはしないはず。

この世の中に山ほどある便利グッズは、「あれば便利だけどなければないで困らないモノ」だと思いませんか。私たちが福袋を買う真の目的は、お得感と「人気の福袋を手に入れた」という高揚感や満足感を味わうため。肝心の中身は本当に好きとは限りません。

断捨離における「断」は、実は本能と理性のせめぎ合い。だからこんなにも厄介なのです。**衝動的に買い求めたあとのがっかりから逃れるには、まず私たちの本能を「自覚」すること。そして、断捨離すれば「快適な空間」が「獲得」できることを、身をもって知っていくこと**です。

「棄てる」と「捨てる」はどう違うのですか？

やました先生が以前、『「すてる」という言葉には、『棄てる』と『捨てる』の2種類がある」と言われていたのを、お聞きしました。でも分かっているようで分かっていない自分がいます。とても大切なことだと思いますので、断捨離初心者の私にも分かるように、もう少し詳しく教えてもらえますか？

断捨離についての基本的なご質問です。いただいた私もかえって新鮮な気持ちになりました。そう、基本に立ち返るのはとても大切なこと。私たちはつい基本を蔑《ないがし》ろにしてしまうものですから。

さて、「棄てる」と「捨てる」の違い。以前、私は漢語林（漢和辞典）で「棄」と「捨」

の意味の違いを確認して、「なるほど！」と感心したものです。

「棄」とは「なげすてる。ほったらかす」、「捨」とは「手離す。諦《あきら》める。ほどこす」。そう、同じ「すてる」なのに随分と内容が違いますよね。

つまり**「棄てる」とは「ほったらかす」ということで、放置するということ。**押し入れやクローゼットの中、あるいは小さな引き出しの中には、あることさえも忘れているモノがいっぱいありませんか？

けれど、自分はしまったつもり、片づけたつもりでいる。もっと言えば、実はしまって片づけたつもりでも、突っ込んだだけ、押し込んだだけ。つまり、収納空間に投げ込むような、乱暴な扱いをしたのかもしれません。

こんなケースに遭遇すると、私は押し入れやクローゼットがまるで「ゴミ置き場」のように見えてしまうのです。「棄てる」とは「廃棄」の「棄」。ゴミに対して用いる言葉です。

その一方で、**「捨てる」は「手離して諦める」という意味**です。

もう必要ないのであれば、そのモノへの思いを明らかにして諦め、手離していく（ちなみに、「諦める」とは、もともと「明らかにする」の意です）。そして、それを必要としている人（ところ）に施す。それによって、モノも人も生き返ることができるのです。だから仏教には、「喜捨」という行為がありますね。そう、自ら進んで寺社や貧しい人に施しをすることです。

また「捨」とは、「常に平らで執着のない心」を言います。だから私は、断捨離の「捨」を、「今、自分が必要としないモノ」を「今、必要とされているところ」へと送り出し、「生き返らせること」と定義しています。

では、「今、誰も必要としないモノ」はどうしましょうか？　それはもちろん、自分できちんと始末をつけること。つまり、自分の手で「成仏」させてあげること。間違っても「収納片づけ」という言葉でカモフラージュして、押し入れに突っ込み放置することではありません。

断捨離の「捨てる」とは、このふたつ。「よみがえらせる」「弔《とむら》う」。そして、ほとんどのモノが「成仏」させてあげなければならない類《たぐ》いに入ることを、どうぞ覚悟してくださいますように。

「いつか使えるかも……」「どこかで使えるかも……」「誰かが使えるかも……」。そう思った時点でモノは生き返ることなく、ただ押し入れの中で忘れられていく運命を辿《たど》るだけなのですから。

「不完全だけれどまだ使えるモノ」が捨てられません

カップが割れたあとに残ったソーサーや、片方なくしたピアスなど、「一部はなくなって完全ではないけれど、まだ使えそうなモノ」が捨てられない性分で困っています。本当ならばパーツだけ買い足したいのですが、そういった売り方はされていません。どれも何かに使えそうで、なかなか決断できないでいます。

ご質問を読ませていただいて、私にはあなたの悲鳴だけでなく、モノの悲鳴までもが聞こえてくるように感じました。

本来ならば役目が終わったとして、あるいは出番がなくなったとして、しかるべき形で始末されるべきモノたちが、「何かに使えそう」というオブラートに包まれてずっとそこに居続ける。このような有り様は、あなただけでなく私たちの誰もが、つい陥りがちです。

私たちを支配する「いつか、使える」「いつか、使う」「どこかで、使える」「どこかで、使う」「誰かが、使える」「誰かが、使う」という考え。

「使える」は「モノ軸」の発想であり、「使う」は「自分軸」の思考であるという違いはありますが、どちらにせよ、焦点を合わせているのは「いつか」という不確定で無限の時間、「どこかで」という不確定で無限の空間、「誰かが」という不確定で無限の存在（人間）です。そんな心の在り方では、それこそ自分の限られた時空間（＝住まい）から不要品を出す。

そう！　という気にはなりません。

「カップが割れたあと、取り残されたソーサー」は、百年後に（＝いつか）、宇宙船の中で（＝どこかで）、宇宙人が（＝誰かが）珍しがって使うかもしれない。あなたが考えているのは、これと同じくらい「不確定で無限」の「時間・空間・存在」に焦点を合わせたことなのです。

つまり、**あなたは捨てられないのではなく、「捨てたくない」**のです。だから、さまざまな思いを巡らせて「使う理由・使える理由」を頭の中で考え出しているのでしょう。

しかも、「使えるモノを捨ててはいけない」という概念で、自分を縛っています。けれど、その使える理由は、自分が創り出した「いつか・どこかで・誰かが」という空想のストーリー。頭の中でいくらでも生み出せるその創作に基づけば、それらのモノたちを取っておく正当な理由も見出せます。

おまけに、あなたの「創作〝使える〟ストーリー」には、「いつか」「どこか」「誰か」に加えて、「何か」という無限の目的まで加わる訳ですから、どんなモノであっても、いつまでもあなたの前に留まり続けることになりますね。

あなたは、あなた自身がいつも創作している「何かに使える」という無限の可能性に縛られて、あなた自身が暮らしている有限な生活空間と生活時間を滞らせ、詰まらせているのです。これこそが、**「無限の使用可能性」思考パターンによる「無間地獄」**だと、私は思うのです。

けれど、そんな無間地獄にこれからもハマったままで居続けるのか、それとも脱出を試みるのかは、あなた自身が決めること。それを決めてから断捨離に励むことをおすすめします。

ポイントカードを
もらわずにいられません

買い物をする際に、行く先々でポイントカードを作ってしまいます。最近ではついに財布には収まらなくなってしまい、専用のケースを購入するはめに……。こんなに苦労して貯めているのに「ポイントを集めたおかげで得した！」という経験はあまりありません。ポイントカードについてどうお考えですか？

住まいと同じように、小さな財布の中には自分が今まで気づかなかった思いがたくさん詰まっています。例えば「得をしたい」と貯め込んだポイントカードや割引券、あるいは「私、こんなに稼いでます」と言わんばかりに光る、上位ランクのクレジットカードなど……。ですから財布という空間と向き合い、そこに溜め込まれた不要なモノと向き合うことは、自分の価値観を問い直すことでもあります。

さて、お財布を「お金にとっての住空間」と見なす断捨離の視点では、ドラッグストア、飲食店、衣料品店などのポイントカードがぎっしり詰まっているという状態は、最も「よろしくない」と言えるでしょう。

よく行くお店のものならまだしも、数年前にたまたま1回行ったきりのお店のカードが無意識に収められているといったことは、新陳代謝という観点からはいただけません。

そもそもポイントカードは「得をしたい」という顧客心理を利用してリピート率を高めたり、囲い込みをしたりするのを目的として発行されています。確かにある程度はお得なのかもしれませんが、ポイントを貯めることが目的化すると、別のお店で買い物しようという発想がなくなる、つまり生活の選択肢が狭まります。これって、なんだかわずかな「お得」に振り回されて、自由を失っているような気がしませんか。

実のところ、ポイントを貯めるとどんな特典があるのかも分からないまま、機械的に貯めている人も多いようです。でも景品がもらえる場合、それは本当に欲しいモノですか？ぜひとも必要なモノですか？　そのモノは、お気に入りの仲間入りをしそうですか？

かく言う私は、ポイントカード類は一切作りませんし、クーポン券も一切もらいません。

なぜなら、ポイントカードによって私たちが得られる「利益」は、お店にとっては「不利益」だから。私は、**そのお店の商品が好きだから、気に入っているから通っているのであって、そこでもらえる小さな特典が欲しい訳ではない**のです。

これに気づいたのは、あるお気に入りのパン屋さんでのこと。個人商店であるそのお店では、お客様においしいパンを提供するために、職人さんが朝から晩まで休みなしに働いています。でも、手間ひまかけて焼き上げたそのパンひとつ売ることで、得られる利益はいかばかりか。その上、ポイントまで提供するなど、もはや「過剰サービス」の域であると感じたのです。

それに気づいた時、「私はあなたのパンが『美味しくて』買いに来ているのだから、そんなサービスがなくても充分ですよ。ありがとうございます」「私がポイントを集めて得られる特典の分だけでも、潤ってくださいね」という気持ちが湧いたのです。

それからは、会計時にポイントカードの作成をすすめられても、「あなたのお店の商品が気に入っているから、そんなものがなくても必ずまた来ますよ」という気持ちを込めて、丁重にお断りするようになったのでした。つまり私にとってポイントカードを断ることは、そのお店を応援するためのささやかな行動でもあるのです。

そんな私が唯一集めているのは、航空会社のクレジットカードのポイント。これは特典航空券に交換できる「マイレージ」を貯められるから。学生時代、通学に使っていた国鉄バスの運賃がどんどん値上がりしていくのを見ながら、「行きたい時に行きたい場所に行ける経済的自由が欲しい」と夢見ていた私にとって、このポイントだけは魅力的に映りました。おかげ様で経済的自由を手に入れた現在は、締め切りに追われる毎日で、時間的自由を手に入れる方が難しくなってしまった訳ですが。

とはいえ、あくまでもマイレージを貯めるのは「世界中、行きたいところに行ける」という目的を達成するための手段でしかありません。その視点で、もう一度考えてみましょうか。あなたはなぜポイントを貯めるのですか？　貯まるまでにかかる期間はどれくらい？　貯まった際に手に入るモノは？　そして、そのモノは本当に必要？

もしも不要だと気づいたならば、次からは「ありがとうございます、でも結構です」と、断る潔さを。自分らしい人生を歩む突破口は、そんな些細な行動をひとつひとつ積み重ねていくことでこそ開いていくのですから。

次々に届く郵便物の処分で悩んでいます

毎日大量に届くダイレクトメールやチラシ、請求明細書などの郵便物をどう処分すれば良いのか分かりません。確認後にすぐ捨てれば良いのは分かっているのですが、もともと面倒臭がりの性格なのと、個人情報が書いてあるものもあるのでそのまま捨てるのに抵抗があり、気がつくと郵便物コーナーがあふれ返っています。

毎日、頼んでもいないのに勝手にポストにやってくる郵便物。好きな人からのお手紙はさておき、ダイレクトメールやチラシの類《たぐ》いは、自分で選んで手に入れるまでもなく、私たちの生活に流れ込んできます。必要がないことは一目瞭然なのに、自分の住所や名前が書いてあるばっかりに「このまま捨てて良いのだろうか？」と手が止まってしまう。そして考えあぐねているうちに、いつしか郵便物の山ができ上がり、雪崩《なだれ》を起こすのです。

「個人情報なんて気にしないわ」と、そのままゴミ箱に捨ててしまう方もいますが、これは少数派と言えるでしょう。私も、あなたと同じく気になる派です。と言っても、個人情報が洩《も》れることが不安だからではなく、些細な紙ゴミであっても、モノへの執着や未練を断ち切る方法で処分したいと考えているからです。

自分の手でビリビリと破いて始末するのが、私流のやり方です。毎日、郵便物を破くことによって「躊躇《ちゅうちょ》する心」や「悩む心」と決別する。いわば、郵便物相手に迷いを断つ儀式を執り行っているようなものですね。

「まとめてやろう」と先延ばしにして溜め込んだ郵便物を前にすれば、やる気は失せ、シュレッダーなどの効率の良い機械に食指が動くでしょう。しかし、処分を日々の習慣にする「そのつど方式」であれば、一度に始末をつけるのはたった数枚。なにもわざわざ、場所を取る機械の手を借りるまでもないはずです。

しかしながら、実のところやり方なんて何だって良いのです。それ以前に心がけなくてはいけないのは「取り組み方」なのですから。**「まとめてやろう」は、つまり判断の先送り。「一旦取っておこう」と思った時点でアウト**です。

未分類の名刺、どう整理すべき？

業界の懇親会や異業種交流会などによく出席するのですが、管理をサボってしまい、整理していない名刺が溜まっています。これではいけないと手をつけてみましたが、「これはどこでお会いした、どなただっけ？」と思い出すのにもかなりの労力がいり、早々に諦めてしまいました。効率の良い整理法があれば教えてください。

手紙やはがきと並んで、「名刺は処分しづらい」との声をよく耳にします。数年間、せめて1年間は保管しておいた方がいいと考える人も多いようですね。

私の場合はというと、手紙やはがきと同じく、名刺も早めに処分させていただいています。紙類は気を抜くとすぐに溜まってしまいますので、「断つぞ！」という意志を持たないと大変なことになります。だから、基本的にはいただいた名刺も取っておきませんし、自分の名刺も持ち歩くのをやめました。

そんな私も、以前は自分の名刺を持ち歩き、お渡ししていたものです。けれど、ある時ふと気づいたのです。名刺とは「その場でしか機能しないもの」だということに。

そもそも名刺は、初めてご挨拶する際に「こういう漢字のお名前なんですね」「遠くから来てくださったのですね」と確認するためのモノ。決してコレクションするモノではありません。言わば名刺交換は、消えていく言葉と同じ。名刺を配ることで人間関係が構築できる、なんて都合良くはいかないのです。

ましてや交流会で機械的に交換しただけの名刺の保管など、何の意味もないでしょう。**人と人との出会いとは、まさにオーディションのようなもの。**印象に残った人がいたならば、すぐに再び連絡を取り、お付き合いを始めればいいだけの話です。一度メールすれば履歴は残りますし、今の時代、お名前さえ分かっていればつながれます。

もちろん、あとから使う場面があるのなら、どうぞ取っておいてください。けれど、**目的もなく「いつかこの人に連絡を取らなければいけない日がくるかも」と取り置いてあるのであれば、空間をムダにしているだけ**ですよ。

防災用品は
どこまで備えるべきでしょうか

納戸の大部分を防災用品が占めていることに気がつきました。具体的には家族４人分の水や食料の備蓄、懐中電灯や携帯トイレが入った防災リュック、下着や防寒対策の衣類などです。いざという時になければ困るモノなので、絶対に必要だと思うのですが、日々の生活では邪魔な存在です。解決策があれば教えてください。

防災用品の備蓄は「備えあれば憂いなし」と言ったところでしょうか。けれど私は、「備えるから憂いあり」だと思っています。

その証拠に、３日分確保すれば「あと３日分必要なのでは」と思い、あと３日分確保すれば「10日分ないと困る」と不安を覚えるもの。そう、キリのないサイクルにハマってしまうのです。どんなに万全に備えたとしても「まだまだ足りない」と感じてしまうのが、私たち人間の習い性なのですから。

要するに、**防災用品を備蓄するという行動の源は「恐れ」と「不安」。このふたつの感情は、一度持ってしまうと際限なく膨らみ、モンスター化していくものです。**そしてやっかいなことに、このモンスターさんはとんでもないエネルギーを持っていますから、時には町中を駆けずり回って必需品を「買い占める」なんてことまでしでかします。そう、災害時における買い占め騒動やパニックは、このモンスターの仕業です。

だからと言って、防災用品を備えるな！　と言っている訳ではありません。ただ、非日常のための大量の防災用品が日常の生活空間を圧迫し、心理的にも重荷になっているのだとしたら、それはとても残念なこと。

「いざという時のために、過剰にモノを溜め込む状態」から受けるダメージは、災害時における一時的で大きなダメージとは異なるものの、毎日ひたひたと忍び寄り、蓄積していきます。ドカンと来るダメージか、それともジワジワ積み重なるダメージか。結局のところ、どちらも悪影響であることには変わりありません。ならば断捨離の俯瞰的な思考で、これら防災用品について考え直してみませんか。

災害時は72時間が運命の分かれ目と言われています。なので、最初の3日を乗り切れるように。それから、私は少し余裕を持たせて、一週間分の水と食料と燃料。加えて、排泄の手当ができる衛生用品など。それを日常でも使いながら、中身がぐるぐる入れ替わるようにしています。

備蓄とは「適正な危機管理」です。どこに何がどれくらいストックされているか、常に把握している生活を送っていれば良いだけのこと。そうしておけば、「防災用」という特別枠をあえて作る必要はなくなりますね。しかも、「使い忘れて消費期限切れになる」ということもなくなります。

「不安」に焦点を合わせている限り、どんなに買い溜めしても、どれだけモノを抱え込んでも、安心はやってきません。つまり、**ただモノを大量に備えておくだけでは、防災グッズとして機能させることは難しい**のです。

日常生活で何が必要かを明快に意識する断捨離生活を送っていれば、いざという時に落ち着いてスムーズに避難できる自分でいられます。これを機に、不安モンスターとおさらばしませんか。

お守りを捨てたら「罰当たり」になりませんか？

神社などを参拝した時に買ったお守りや御朱印帳、人からいただいた開運グッズなどを持て余しています。現在はほとんど参拝することもなく、不要なのははっきりしているのですが、神頼みしている時は大変ありがたいモノだったので、そのままゴミ袋に入れるのは忍びないです。どのように処分したら良いでしょうか。

この「罰当たり」については、本当にたくさんの質問を頂戴します。そのたびに、いかに私たちはこの「罰当たり」という観念に縛られ、思考を停止してしまっているかを痛感します。

今はもう着る機会がなくなったワンピースも、物置場と化したソファも、棚の奥で眠っている食器も、手にした当初はありがたく大切な存在だったはず。なのに、それらが不要・不適・不快になって断捨離する際に、「もったいない」と思うことはあっても「罰が当たるかも……」と思うことは稀《まれ》です。

けれどどういう訳か、信心関連のモノたちは、捨てると罰が当たるような気になってしまうものです。「罰が当たるという気にさせられる」と言った方が正確かもしれません。

でも、考えてみてください。**あなたが参拝した神様や仏様は、そもそもあなたに罰を与えるような心の狭い存在だったのでしょうか。**もしもそうだったとしたら、参拝すらしなくなった時点でとっくにあなたを裁いているはずでは。

信仰とは「信じる世界の教えを仰ぐ」ことです。この「信じる世界」とは、「畏敬と崇敬と帰依の世界」です。「依存」でも「おすがり」でもありません。

現在のあなたは、かつて信じていた世界から外に出たということ。それならば、それらの関連グッズは感謝を込めて処分するのが、一番筋が通っているはずです。間違っても、勝手に罰が当たるのを恐れてぐずぐずと判断を先送りにすべきではありません。

もし私ならば、「自分なりの儀式」をして、早急に始末させていただきます。この「自分なりの儀式」とは、心を込めた主体的な行為ですね。それで罰が当たるならば、そんな了見の狭い神様を信じた私に責任があります。だから、その時は「罰よ、来るなら来なさい。きっちりと受け止めますからね！」という心意気で。

「罰当たり」と「もったいない」というこのふたつの思い込みは、私たちを思考停止に追いやる二大モンスターです。こうした重い気持ちを伴うモノからはネガティブな影響しか受けません。なぜなら、モノと自分との関係性が生きていないからです。

例えば、どんなに美味しそうなフランス料理を目の前にしても、その時に満腹であれば「美味しい」とは感じないのと同じ。モノの「活用価値」を引き出せるのは、誰でもないあなた自身なのですから。

「始末」という言葉は「始まりと終わり」を意味します。

モノの最初から最後まで、自分でしっかり責任を持つ。この感覚を、断捨離を通じて身につけていただきたいと思います。

未読の本や新聞記事がストレスの種

気になる本があるとすぐに購入してしまうのですが、読む時間がなくほとんどが「積《つ》ん読《どく》」になっています。また、「あとでゆっくり読もう」と思って切り抜いただけの雑誌や新聞の記事も大量にありま す。最近では「早く読まなきゃ」とストレスを感じるようになってきました。意志が弱い自分が情けないです。

「自分の読書量をはるかに超える量の本を抱え込んでしまっている」というお悩みは、とても多く寄せられるご相談です。良い本に出会うと知識欲を満たされ、静かな満足感を得られますよね。けれど食欲と同じく、一度深みにハマってしまうと「もっと新しいことを知りたい、もっと深く知りたい」と尽きることがありません。

実は「捨てる」という行動自体はいたってシンプルです。要らなくなったモノをゴミ袋に詰め、あとは自治体のルールに従ってそのゴミ袋を外に出すだけのこと。それなのに、あなたと同じく多くの人は捨てられなくて「困っている」。そして、溜まっていくモノの山を見ては「ストレスを感じている」と訴えるのです。

私は、この現状が何より残念でなりません。なぜ、今の自分よりもモノの方を大事にし、思い悩むのか。なぜ、今の自分をそんなに困らせ続けるのか。山となった印刷物や本は、今のあなたにとってはもはや味方ではなく、虐《いじ》めるモノになり果てている。そうでしょう？　**自分を虐めるモノたちを抱え込んで困る必要など、どこにもないはず**なのに。

今、あなたがすべきことは、「読む時間を作るために、自分の生活を見直す」ことでも、「強い意志が欠けていると自分を責める」ことでもありません。「自分を助けてくれるはずのモノ」「人生観が変わる体験をもたらしてくれるモノ」だと思っていたモノたちが、いつの間にか「自分を虐めるモノ」に変わってしまっているという事実を認めることです。

モノと自分との関係性は、時間とともに変化します。**「今」の自分にとって「不要・不適・不快」なモノならば、そのつど手放していく。ただそれだけで良いのです。**

人からもらった「手紙」が捨てられません

友人や同僚からいただいた手紙類の処遇に悩んでいます。普段はその存在も内容もすっかり忘れているのですが、思い立って読み返すと「あの時はこんなことがあったな」「私のことをこんな風に思っていてくれたのね」と思い出がよみがえり、なかなか手放せません。こういった場合、どうすれば良いですか？

以前、売れ始めの漫才師さんに「いただいたファンレターがたくさんあるんですが、どうしたらいいですか？」と相談されたことがあります。自分宛てに綴《つづ》られた手紙を捨てるとなると、大いに悩むものですね。

だからこそ、私はこう思うのです。「なぜ、捨てようとするのか」と。捨てることを躊躇するモノを捨てようとするから悩むのであって、捨てたいモノを捨てることに悩みは発生しません。

もし「捨てたいのに捨てられない」という悩みがあるとしたら、それは第三者の介入や抵抗がある場合だけです。つまり、自分は捨てたいと思っているのに家族から反対されて思うようにならない、といったケースですね。

けれどあなたの場合、それらの手紙を捨てる行為に第三者は存在しません。そう、反対する人も、また賛成する人もいないのです。

要するに、**あなたはひとりで二役を演じる「ひとり芝居」状態に陥ってしまっている**ということ。自分の意思で「捨てよう」と手紙類を手にしたにもかかわらず、捨てることをためらうもうひとりの自分と葛藤しているのです。

かといって、「どうして捨てられないのか」と自分に問いかけて、その理由だけを探そうとしても問題は解決しないでしょう。質問文を読む限り、「読み返すと思い出がよみがえる」と、すでに答えが出ているのですから。

ですから、あなたの場合は「どうして捨てようとするのか」という反対の視点で、ご自分に問いかけてみてはいかがでしょう。**「捨てる理由」も「捨てない理由」も、「捨てたい**

理由」も「捨てたくない理由」も、すべてあなたの心の中にあります。だから、自分と話し合えばいいだけのこと。そして、その話し合いの結果に従えば良いだけのこと。

問題なのは、「捨てられない」ということではありません。捨てられないと「悩む」ことの方なのです。**今、「捨てたくない」のであれば、捨てずに取っておく。それだけのこと。**

そう、「保留」という結論もあることを、どうぞ覚えておいてくださいね。

とはいえ、保留のまま忘れてしまうことのないように。まあ、断捨離は何度でも繰り返し行うもの。「保留グッズ」たちも、これからいくらでも篩《ふるい》にかけることになるでしょうから、その心配もありません。

ちなみに、冒頭の漫才師さんには「だって、最初にもらった時のような嬉しさはないんでしょう？　じゃあ、その気持ちに従ってみては？」とだけお答えしたところ、「捨てていいんですね！」と、あっさり決断されました。

手紙やはがき、プレゼントは、その瞬間を、その時の気持ちを受け取るためのモノです。それを踏まえた上で「これ、どうしようかな……」と迷うのは、そこから心が離れてしまったから。その気持ちを抱いたことを、素直に認めていいのです。

日記は取っておくべきモノでしょうか？

その日に考えたことや行動を記録するために、毎晩日記を書いています。ごくたまに「あの時はこんなことを考えていたんだな」などと読み返すこともありましたが、最近は過去を振り返ることもあまりなくなり、書くこと自体にも迷いを感じています。日記に関してどのようなお考えをお持ちでしょうか。

まずはご質問にお答えする前に、私からご提案がひとつあります。他者に答えを求める時は、それと同時に「自分はなぜこのような質問をするのだろう」と、その動機を探ってみませんか。面白いことに、自分への考察を深めると自ずと問題解決へのヒントが見えてくることもあります。

「なぜ私は、自分の日記のことで他者に答えを求めようとしているのか」。それを踏まえた上で、日記への自分の姿勢を俯瞰してみましょう。

毎晩コツコツとその日の出来事を綴っていた、かつての私。稀《まれ》に読み返して物思いにふけったこともあった、かつての私。読み返すことはめったになくなった今の私。過去を振り返ることの意味に疑問を持ち始めた今の私。溜まっていく日記を前に、今後も書き続けようか迷っている今の私。

注目すべきは「日記をどうするか」ではなく「私」自身です。かつての私と今の私、その違いは何かしら。そして、これからの私はどうしていきたいのかしら。こんな風に自分を凝視していけば、若干疎《うと》ましく感じてきた日記たちが、違った存在に見えてくるかもしれません。

蛇足ながら、私の師匠は10年日記を推奨しています。これは、10年のサイクルで自分の運気の流れが摑めるからだそう。

そして私はと言うと、師匠の貴重なアドバイスに従うことが敵《かな》わず、日記はいつも三日坊主です。けれど、ブログだけは毎日発信し続けて10年以上が経っています。このブログで自分の人生を大きく展開させてきたなと思うことしきりです。

けれど、このブログも、もっと言えばこれまでの著書も、あとから読み返すことはほとんどありません。内容もほとんど覚えていないので、あとで読み返した時などに、「こんなすばらしい文章、誰が書いたの？　あっ、私か！」と、驚いてしまったものでした。

でもその時、私はこうも思ったのです。「ああ、あの原稿は、今の私には書けないわ」と。なぜなら、常に私はその時その場で「湧いて来る」ことを綴っているから。過去の文章は当時の私だから書けた訳で、同じテーマで書いたとしても、現在の私にはまねしようがないのです。ですから、過去の自分が書き残したものには固着することはありません。

そう、断捨離が焦点を当てるのは「今、ここ、私」。過去の自分に囚《とら》われてしまうのは、「今にいない」ということです。

まずは、今の正直な自分の気持ちに向き合い、何を求めているのか、これからどうなりたいのかを見つめ直すところから始めてください。そうすれば、自ずとご質問の答えが見つかるはずです。

今日からできる 断捨離習慣 No.1

中に入っているモノをすべて出す

美味しく食べきる習慣

断捨離初心者さんは、小さくて全体を俯瞰できる場所から始めるのがおすすめです。なかでも賞味期限・消費期限という明確な基準のある冷蔵庫は、スタートに打ってつけ。「とり出しやすく、しまいやすく、美しく」が習慣になれば、常に空間が新陳代謝され、いつでも新鮮な食材がいただけます。

賞味期限が過ぎている
モノは始末

調味料は「上質なもの」
だけに厳選する。
しょうゆ、塩、みそなど基本のモノ
のみ（それ以外は使い切ろうと思わない。
マイブームが去ったら
すぐに始末）

まだ食べられるモノも
「本当に食べたいか？」
吟味する

野菜は
ジップロックの
透明袋に
移し替える

小袋のモノは最初に
切り離しておく

増え過ぎた洗剤を断捨離したいです

無意識のうちに洗剤が増え過ぎてしまいました。お風呂用、台所用、リビング用など各1種類で済ませられればいいのですが、今はお風呂だけでも浴槽用、タイル用、鏡用と使い分けています。収納に場所を取るので不要なモノは断捨離したいのですが、やました先生は洗剤をどのように使い分けていますか？

ドラッグストアやスーパーに行くと、ありとあらゆる用途の洗剤が棚にずらりと並んでいます。見ると「キッチン用」「トイレ用」と場所に対応させたものもあれば、「油汚れ」「泥汚れ」など、汚れの成分やその性質に焦点を当てたものも。極めつきは、ラベルに大きな文字で記された「頑固な汚れもすっきり！」というキャッチコピー。消費者が思わず買いたくなってしまうのもうなずけます。

我が家の掃除用洗剤は主に2種類だけ。メインは、食器洗いから床、家具、浴槽のお掃除まで1本でまかなえるミセスマイヤーズクリーンデイのキッチン&マルチクリーナー。洗浄力は高いのに植物・自然由来成分で環境に優しく、場所を選ばず安心して使えます。

シンクやガス台、トイレの便器をピカピカに磨き上げたい時は、ハイホームというクリーム状クレンザーを使用。これを食器洗いでくたびれてきたスポンジにつけて、せっせと磨き上げます。使い捨てのトイレ用掃除シートやペーパータオルは、効率良くいつでもキレイにできるので多用しますが、洗剤に関してはたったこれだけ。排水溝の匂い取りのために塩素系漂白剤も一応持ってはいますが、出番はめったにありません。

私があえて用途別の洗剤を持たないのは、洗剤選びにおいても「自分が本当に良いと思うモノを選び抜きたい」から。そして何よりも、**汚れたらすぐにキレイにする「そのつど掃除」をしていれば、エコとは呼べない薬剤を使う必要がないから**です。洗剤の数を減らすには、断捨離してモノの数を減らし、常にメンテナンスできる状態にしておくことも大切ですね。

これを機に、お持ちの洗剤や掃除の仕方を見直してみてください。

未使用のモノを捨てるのがもったいないです

断捨離をしている中で未使用のモノを見つけると、もったいなくてゴミ袋に入れるのをためらってしまいます。仕方なくネットオークションに出したり、リサイクルショップに持って行ったりするのですが、高値で売れることはほとんどなく、「時間も労力もムダにしているのでは」と悩んでいます。

モノが多い、ならば捨てる。手間ひまかけて売っても大した利益にならない、ならば捨てる。時間と労力がムダになる、ならば捨てる。答えはシンプルなのに、あなたは「捨てられない」と悩んでいる。そんなあなたは、ここで私がどんな合理的な回答をしたとしても聞く耳を持たないでしょう。

ですから、あなたには逆にふたつの質問を返しますね。ひとつ目は「要らないモノを『捨てられない』ではなく『捨てない』理由は何ですか？」。ふたつ目は「捨てられない悩みをずっと抱えて苦しんでいる理由は何ですか？」。

つまり、「捨てない」ことによって、あなたにどんなメリットがあるのでしょう？　「捨てられない」と悩むことによって、あなたにどんな良いことがあるのですか？　を問いたいのです。

もしもあなたが、心から「何のメリットもない」と考えているとしたら、とっくの昔にこんなお悩みからは卒業しているはず。けれど、なんだかんだと言い訳をしながらそこに留まっているのですから、あなたが意識していない「メリット」が存在するのではないでしょうか。

もう一度じっくり自分と向き合って、見つめ直してみましょうか。なぜなら**断捨離の真の目論見《もくろみ》とは、モノを捨てることではなく、「モノと向き合う」ことによって自分自身を深く探訪していくこと**なのですから。

断捨離はモノを吟味し、不要なモノは捨てることで、暮らしの新陳代謝を促します。けれど、モノばかりに焦点を合わせて「捨てる」「捨てない」と考える「モノ軸」思考でいたならば、答えは「まだ使える」となり、捨てる正当性などあるはずがないのです。

では次に、「空間を美しく保つために、モノを最適量に絞り込む」という「空間軸」思考で考えてみたならば、答えはどうなるでしょう。あなたの空間をより快適な空間へとクリエイトしていくためには、一体何が邪魔しているのか。そうです、「未使用であったとしても不要なモノ」ですね。

捨てたくても捨てられないモノには「執着」という接着剤がついているようで、捨てるのにかなりのパワーが必要です。けれど大抵の場合、それらは自分と生きた関係性にあるモノたちではありません。

今の自分の空間を、改めて見つめ直してみてください。そこは、くつろぐ空間ですか？　心安らぎ、ほっとする空間ですか？　元気ややる気が湧く空間ですか？　もし余計なモノたちが空間を損なっているのに気づいたならば、即行動！　です。

大量の布団を何とかしたいです

我が家には家族分の布団と客用布団があるのですが、来客は稀《まれ》なので、そのうち5セットは日頃まったく使っていません。また、これらはかなり昔に親が買ってくれたモノなので古く、正直柄も好みではありません。いっそのこと買い替えたいのですが、親に申し訳なく、布団や毛布は安くないこともあって躊躇しています。

私はこのような質問を頂戴すると、いつもこんな風に思うのです。「なぜ私たちは自分自身の生活を快適にすることを、こんなにためらってしまうのかしら」と。「どうして自分が気持ちの良い生活を送るためにお金を使うことを、こんなにも避けてしまうのかしら」と。

布団は、あなたとご家族を健やかに保ってくれる大切なアイテムです。質の良い眠りは癒やしと元気の源ですから、どんなに意識してもし過ぎることはありません。

では改めて、ご自身に問いかけてみてください。「古びた布団とあなたの気持ち、どちらが大切ですか？」「たまにしか来ないお客様のための布団と、毎日のあなたの気持ちの良さ、どちらが大切ですか？」「親好みの布団とあなたの感性、どちらが大切ですか？」。

答えは聞くまでもありませんね。だってあなたは、もうすでにご自身で答えを出しているじゃありませんか。「いっそのこと買い替えてしまいたいのですが」と。ならば、素直にそうすれば良いだけのこと。

確かにそれなりの費用はかかりますから、ためらう気持ちが生まれてしまうのも無理のないこと。これに限らず、何事においても「できない理由」を探し出せば、次から次へと湧いて来るのは間違いありません。「親がせっかく買ってくれたモノを捨てるなんて」「急なお客様が来たらどうするの？」……。

本当の問題は、あなた自身の正直な気持ちをいつもあと回しにして、心から欲しいモノを招き入れる許可を出せないでいること。そして、毎日「できない理由」ばかりに焦点を合わせ続けているということ。

これらの「思考の癖」が、たまたま「親から買ってもらった布団」という具体的なモノ・事例にへばりついているだけの話なのです。

断捨離は、目に見えている現象から心の癖を見つけ出し、取り除いていくという行動療法。**もしあなたが「自分をいつもあと回しにして、心から欲しいモノを招き入れられない」という残念な思考の癖とお別れしたいのならば、答えはひとつ。そう、その「象徴」である布団を取り除く＝始末するのです。**

繰り返しになりますが、あくまでも布団はあなたの心の癖を映し出した象徴でしかありません。まずは、大切な自分の心を他者に任せる「他人軸」の自分に気づくことが大切です。

他人軸で過ごしていては、人生の流れが悪く振れた時、「振り回された」という被害者意識が芽生えます。そして、この「振り回された」という感覚も考え方も、また他人軸です。つまり、どこまでいっても「他人の評価や価値観を基準にして生きている私」なのです。

断捨離によって経験を積み、そこから探り出した言葉や行動を材料にして自分自身を見つめていく。そうすれば、他者に依存しない「自分軸」がしっかりと構築されていくはずですよ。

使うことも手放すこともできないブランド品

昔買ったブランド品が捨てられずに困っています。現在はパート職員として働き、職場以外に出かけることはほとんどありません。それなのに、会社員時代に買ったブランド品を処分できません。使うこともなく、かといって捨てることも、リサイクルショップに持っていくこともできず悩んでいます。

私たちは一度自分を責め出すと、どこまでも深みにハマってしまいます。ですから、**まず大切なのは「自分で自分を責めている」状態から抜け出すこと**です。その方法を考え、実行してみましょうか。

あなたは今、「使っていないのにどうしても捨てられないブランド品」がある空間にいます。使うこともなく、かといって捨てることも、売ることもできないモノたちに囲まれています。この状態こそが、自責の念を抱く原因になっているように思えてなりません。なぜなら、この淀《よど》んだ空間にいる限り、自分を責める証拠品をいくらでも拾い上げることができてしまうから。ならば、この空間から離れてみましょうよ。

週に1回でも良いのです。時間を作って、別の世界に身を置いてみませんか。今、自分を責める気持ちにストップをかけるには、頭を使うことよりも、身体を気持ちよく動かしてあげるのが一番効果的です。身体が気持ち良さを感じ始めたら、自然と「気持ちの良い空間とはどんなものか」も分かってくるでしょう。

ウォーキングやヨガ、ダンスなど、ごくごく軽い運動をしてみませんか。歌うのも良いですね。住まいの有り様にではなく、ご自身の身体に焦点を合わせるのです。教室に参加するのは、とても勇気がいることかもしれませんが、このまま捨てられないモノを眺めていても、出てくるのはため息ばかり。ならば、思い切って行動してみましょうよ。

私たちの家が空間ならば、私たちの身体も空間。そして、この空間に一番大切なものは「呼吸」です。**断捨離とは、呼吸空間のクリエイト。まずはあなたの身体が大きな呼吸を取り戻すことから始めてみてください。**

「断捨離」と「ミニマリズム」の違いは？

断捨離初心者です。先日、断捨離していることを友人に話したところ、「今流行りのミニマリストになりたいのね」と言われました。その時はとっさに「それとはちょっと違うんだけど……」と答えたのですが、いまだにうまく説明できずモヤモヤしています。それぞれの定義づけに関して、ポイントがあれば教えてください。

よく耳にする断捨離についての大きな誤解のひとつに、「断捨離とは、何でもかんでも捨ててしまうこと」というものがあります。断捨離という言葉が独り歩きを始めるとともに、こうした誤解が生まれ、意図せずして広まってしまったようです。

もちろん、断捨離は「捨てる」という行為を実践することによって住空間を快適にし、それと同時に心も快適にしていこうというもの。ですから、最初の段階では「断捨離」＝「捨てること」という理解でいいのです。

ですが、「とにかく何でもかんでも捨ててしまって、必要最小限のモノだけで暮らすのが断捨離だ」というのは大きな誤解。

この考えは「断捨離」ではなく「ミニマリズム」であり、これを実践する人たちが「ミニマリスト」です。断捨離の思想は、ミニマリストたちの考え方とはまるっきり似ても似つかないもの。ここで、断捨離とミニマリズムとの考え方の違いについて、はっきりさせておきましょう。

ミニマリストは「必要最小限」「必要最低限」志向です。

一方で、断捨離は「必要最適」志向。だからモノが何もない状態をよしとしている訳ではないのです。快適な住空間を創造するために、家を自分が選び抜いた「お気に入りのモノ」だけで満たしていく。だから断捨離は、「お部屋がモノであふれ返ってしまい、片づけられない」と悩む人たちに、「本当にお気に入りのモノだけを選べば、あとは『お気に入りでない』モノが残るので、そちらは手放してもいいのではないですか」と提案するのです。

お気に入りだけを厳選するという作業は、意外に簡単ではありません。それなりの覚悟がいる作業なのですが、最初はうまくできなかった人でも少しずつ続けていくと、徐々にできるようになっていきます。

モノを厳選し、不要・不適・不快なモノを手放した結果、お気に入りのモノだけに囲まれて暮らす。これが断捨離です。

「要・適・快」を大切にする断捨離は、「過剰」を憂います。こう聞くと、多くの人は「多過ぎる」状態を思い浮かべるでしょう。けれど断捨離は「多過ぎる」と同様に、「少な過ぎる」のもよしとしません。正反対に見えて、どちらも「過ぎる」ことには違いないからです。

本来、モノは私たちの人生が快適で満足であることを応援してくれる存在。**お気に入りだけに囲まれた暮らしを目指す断捨離は、決してモノを排除しません。あくまでも目指すのは「最適」です。**そして私たちにとっての最適は、人それぞれ違うと同時に、その時々で変化します。人から見て「多いか」「少ないか」は問題ではありません。

例えば自動車にしても、ハンドル・ガソリンにしたって、目的地まで行くのにギリギリな量よりも、少しだけゆとりがあった方が安心して運転できるはず。暮らしもこれと同じで、急ブレーキになってしまいます。ガソリンにしたって、目的地まで行くのにギリギリな量遊びがなければ豊かな人生とは言えないのです。

また、仏教には「煩悩即菩提《ぼんのうそくぼだい》」という言葉があります。これは「煩悩とは、即《すなわ》ち、菩提である。強い欲という煩悩は、即ち、強い意欲となる」という意味で、つまり煩悩＝悟りへのエネルギー源だということ。欲という煩悩エンジンは、強過ぎると制御不能に陥ってしまいますが、逆に弱過ぎても気力が湧かず、生きていくことができないのです。

断捨離は、清貧生活のススメでも、節約生活のススメでもありません。だから「モノが増えるのはいけないこと」などと言わずに、今の自分が本当に欲しいモノ・必要なモノはためらわずに手に入れましょう。愛着があるモノだけに囲まれた暮らしは、自ずと身体も心も豊かに美しくしてくれるはずですよ。

ぬいぐるみを捨てるのが可哀想です

我が家には、数十年以上もの間、押し入れやクローゼットの中で眠っているぬいぐるみが数え切れないほどあります。なかには娘が幼い時に可愛がっていたものもあれば、私が独身時代から大切に持っているものもあり、どれも思い出深いです。収納スペースが足りないのは事実なのですが、捨てるのは可哀想に思えて悩んでいます。

ぬいぐるみに限らず、お人形さんやお雛様などの処遇に頭を悩ます人は多いですね。どうやら私たちは、顔があり目があると、ただのモノとは思えないようです。なかでもぬいぐるみは、飾り眺めるだけでなく、触れて抱いた温もりの感覚が残っているのでしょうか。おいそれと処分する気になれないのも無理からぬこと。

ところで、ぬいぐるみと聞くと私は、この光景を必ず思い出すのです。それは、メディアの取材で訪れたご家庭でのこと。２ＬＤＫマンションの物置と化した一室には壁一面に備え付けの巨大な棚があり、その上段にはずらりとぬいぐるみが並べられていました。聞けば、それらは奥様が小さい頃から持っていたもの。しかし、彼女の子どもは息子さんひとりで、女の子仕様のぬいぐるみには興味を示さないのだとか。

何よりも私が違和感を覚えたのは、そのひとつひとつに透明なビニール袋がかけられていたこと。私にはぬいぐるみたちがビニール袋の中で窒息しているように感じられて、切なくなりました。

その理由を尋ねたところ、彼女は当たり前！　と言わんばかりの顔で、「ホコリよけです」と答えたのです。なるほど、確かにビニール袋をよく見ると、うっすらとしたホコリが覆っていました。

そう、持ち主である彼女にしてみれば、ホコリよけまで施して大事に取ってあるつもり。でも結局のところ、それは「取ってあるだけ」であって、決して「可愛がっている」訳ではなかったのです。

その証拠が、ビニールに積もったホコリです。一体彼女はどれだけの時間、これらのぬいぐるみたちを放置していたのでしょう。状況からして、おそらく数年の単位ではないはず。その間、そのぬいぐるみたちは触られることも、抱かれることもなかったのです。

私には、ぬいぐるみたちがビニール袋という棺におさまったミイラのように見えました。ああ、この子たち、生きていない、死んでいるんだ、と。

ともすると断捨離は、「捨てる」「捨てない」「捨てたい」「捨てられない」にばかり焦点が当たってしまいます。けれど、いいえ、それは違います！ とはっきり申し上げておきますね。なぜなら、**断捨離が焦点を当てるのは「今、このモノとの関係が生きているのか、いないのか」**だからです。

もしもあなたが、その大事なぬいぐるみたちを今も愛《め》でて慈しんで可愛がっているのなら、生きているそれ。逆に、もしも今は触ることも抱くこともなくなっているのなら、死んだそれです。

断捨離に励まれているならば、生きているぬいぐるみと死んでしまったぬいぐるみとでは、今後すべきことが違うとお分かりのはず。「生きているモノ」は、よりその存在が輝くようにケアを。「死んでしまったモノ」は、すみやかに弔《とむら》うことをおすすめします。

今日からできる 断捨離習慣 No.2

こまめな始末 習慣 1

私が「ごきげんな空間」で暮らすために、毎日〝当たり前〟にしている生活習慣の一部をご紹介します。次から次へ入ってくる不要品を溜め込まないのは断捨離の基本です。

外出先から戻ったら、
すぐに不要な名刺、
レシート、郵便物を
破り捨て、ゴミ箱へ

化粧品や洗剤を
新しく購入したら、
もう興味のない
古いものは使いかけ
であっても処分

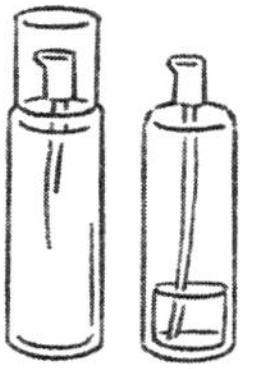

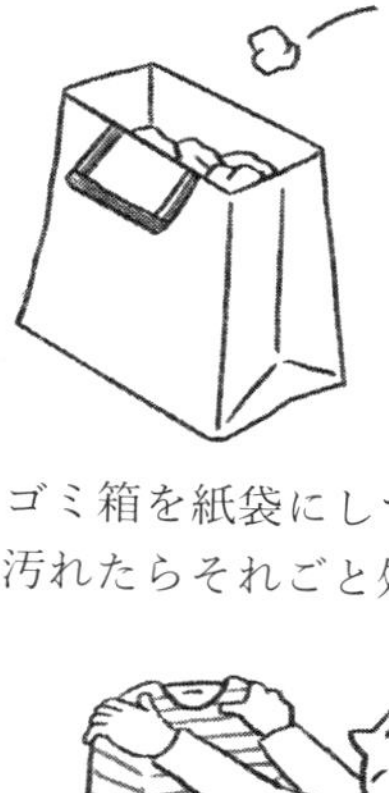

ゴミ箱を紙袋にして、
汚れたらそれごと処分

洗濯機はお風呂に
入るタイミングで
毎日回す

2〜3カ月に
一度、着ない服・
飽きた服がないか
チェックする

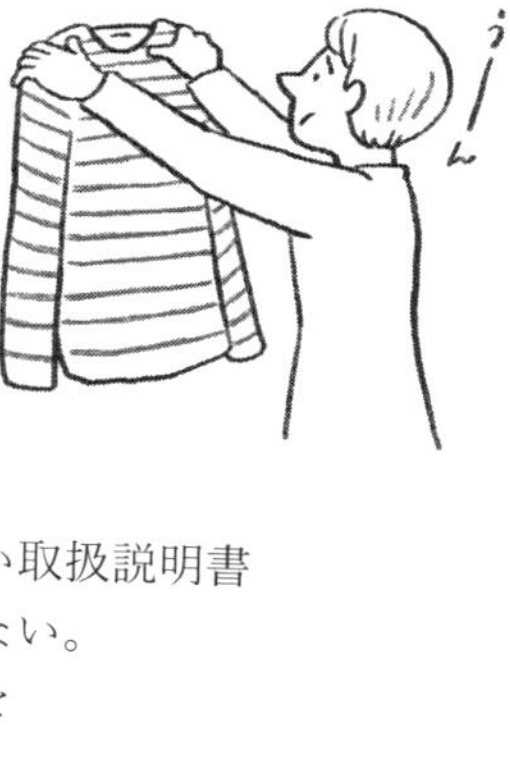

どうせ読まない取扱説明書
は取っておかない。
困ったら検索を

コレクションした大量の毛糸を整理したいです

2DKの家でひとり暮らしをしています。大きな押し入れを占領している編み物用の毛糸類を断捨離したいのですが、ショップで一目ぼれして買い求めたものも多く、なかなか処分に踏み切れず困っています。「すべてお気に入りで捨てられない」という気持ちと、「数を減らしてすっきりしたい！」という気持ちがせめぎ合っています。

お金と時間と情熱をかけてきた「趣味」にまつわるモノは、処分がとても難しいです。大好きな毛糸という「モノ軸」に立つと、住まいの快適さは損なわれる。けれども住まいの快適さという「空間軸」に立つと、大事な毛糸を手放さなければいけなくなる。さて、どうしたものでしょう。

モノ軸であれ空間軸であれ、どちらを選ぼうとそれは本人の自由です。それぞれが自分の意図・意思で決めれば良いだけのこと。けれど、決断することによって、諦めなくてはいけないこともある。私たちはこの事実を受け入れる必要があります。

今のあなたは、二股道を前にして、右の道を選べば左の道に行けないことを惜しみ、左の道を選べば右の道に行けないことを残念に思う。そんな宙ぶらりんの状態です。**あなたのこの有り様こそが一番もったいない**とは思いませんか?

おそらくあなたは、断捨離を「捨てる」ことだと思い込んでいるから辛くなるのです。断捨離とは、あなたの住んでいる空間を、あなた自身の「居心地」を基準にして、より「心地良い状態」へと生まれ変わらせていく行動です。そんな風に自分を軸にしたら、その毛糸類を見る目も変わるはず。そして、空間のクリエイトの仕方も自ずと見えてくるはずです。大好きだからこそ、「心地良いモノ」を選び抜き、「空間でそれらが引き立つ」ようにする。あなたの家は、あなたが主役。毛糸はどこまでも脇役ですね。

また、**大好きなアイテムであっても、モノと自分との関係性は常に新陳代謝しています。**今の自分にとって本当にお気に入りなのか、今一度向き合って考えることも大切です。なかにはもう「不要・不適・不快」なモノもあるかもしれませんよ。

職場の備品を減らしたいのですが……

ある企業の総務部で働いています。先日、棚卸しをしていて不要な備品を大量に発見しました。しかし、会社の持ち物なので私の一存では捨てられず、また注文したのは私自身ということもあり言い出しづらいです。かといって、過剰にモノが溜め込まれたオフィスにいると息が詰まります。仕事だからと割り切るしかないのでしょうか。

自分の裁量で物事を進められない状況は、何ともストレスが溜まります。なかでも断捨離を実践するダンシャリアンにとって、「捨てたいのに捨てさせてもらえない」という状況ほど辛いものはありません。「維持管理は任されて（時には押しつけられて）いるのに、捨てる自由は奪われている」という心理状況は、私たちに閉塞感や拘束感、不自由感をもたらします。

断捨離には「人のモノは勝手に捨ててはいけない」という鉄則がありますが、ここで大切なのは「勝手に」という部分であって、決して「我慢しろ」と言っている訳ではないのです。問題解決に至る行動を「放棄」するのは得策ではありません。ですから、「我慢」も「辛抱」もせずに、この問題を解決していきましょう。

会社にとって消耗品や機材・備品などといった物品は、大切な資産であり、ムダな運用は損失を招きます。ならば、なおのこと「仕事だからと割り切る」など、もってのほかではありませんか。

質問文を読んで、私はこう思いました。**管理責任者として「必要な」備品を申請し、揃えたことに誰よりもこだわっているのは「あなた自身」ではないのか**と。もしもそうだとしたら、運用し維持する役割を担う立場として、すぐに行動を起こさなくてはいけません。

まずはリストを作りましょう。かつて必要な備品を揃える時に、リストを作成したはず。それと同じように、今度は「必要がなくなった備品リスト」を作成し、それを上司に提出して処分の許可を求めるのです。もちろん、その目的は「全社員にとって働きやすく、企業にも利益をもたらす空間づくりのため」であることを、しっかりと伝えてくださいね。

商売道具の断捨離が進みません

引っ越しをすることになったのですが、自宅で書道教室を開いていたことから、その道具や過去の作品が大量にあります。家中がモノだらけなので早く片づけたいのですが、商売道具だと思うと片づける勇気が湧きません。転居先でも教室を開くという夢もあるのに、気ばかり焦って肝心のやる気が出ず、ため息ばかりついています。

文面から、何もかもが「いっぱいいっぱい」なご様子が伝わってきました。道具がいっぱい。過去の作品がいっぱい。したいこともいっぱい。したくないこともいっぱい。心の中も頭の中も、焦りと考え事でいっぱい。これでは、ため息をついてしまうのも無理はないこと。

基本的に断捨離は、思考することよりも行動することが先です。これは行動によって思考が促され、その促された思考によって自動的に行動が加速するというプロセスを踏むからです。

しかし、あなたの場合は行動する気、つまりやる気自体が起きないのですから、思考を先に整理する必要があります。

まず、現状をしっかり見つめましょうか。「家中がモノだらけ」という言葉から察するに、あなたの問題はこれに尽きます。「荷物が大量にある」。考えることはこれだけで充分です。

それなのにあなたは、自分にとって大切な商売道具のことばかり考えて焦っている。つまり、すでに選び抜いた「捨てられないモノ」から着手してしまったことに問題があるのです。

荷物を減らさなければいけないことはご承知のようですから、まずはどの荷物が自分にとって一番減らしていきやすいかを考えてみましょう。そうやって**心理的に負担の少ないモノから減らしていき、空間に余白を作っていく**のです。空間に余裕がひとつできれば、思考にもひとつ、余地が生まれてきますからね。

さあ、あなたにとって一番減らしやすいモノ＝「捨てやすいモノ」は、一体何でしょうか。それを考えてみてください。

ところで、書のプロであるあなたに断捨離の視点から一番申し上げたいのは、やはりこれ。書道を心ゆくまで愉しむためには、上質な道具もさることながら、どんな空間で筆を執るのかもとっても大切なこと。ましてや荷物がひしめく「物置空間」で書と向き合うことなど、あり得ないことでしょう。

生徒さんとともに楽しく学ぶ場にしても、間仕切りで居場所を特定したモノだらけの場所よりも、爽やかな風が吹き抜けるような、のびのびとした空間である方が元気をもらえるはず。

そしてなにより「書」も余白、つまり空間美の追求ですよね。半紙いっぱいに文字が書き込まれたとしたら、それは書ではなくお習字です。

断捨離とは、空間美のクリエイト。モノを減らすのもモノを捨てるのも、そのための手段であることを、どうぞいつでも思い出していただけますように。

何度見返しても、どれも着たい服で捨てられない時は？

育児で会社を辞めたため、外出する機会はそれほどなく、服をもっと厳選したいのですが、いざ手に取ると「こんなコーディネートもおしゃれかも」とアイディアが浮かんでしまい捨てられません。心のどこかに「『仕事をしていない人はダサい』と思われたくない」という気持ちがあると同時に、捨てられない自分に落ち込む毎日です。

クローゼットには、どれも着たい服ばかり。とても素敵なことです。たとえまだまだ量が多いとしても、それはそれでいいのでは。

恥ずかしながら、私もそんなひとり。どれも着たい服ばかりで、クローゼットはいつも少しばかり定員オーバーぎみです（そうは言っても、よそ様の目から見れば充分すっきりしていらしいのですが)。時には、お気に入りのアイテムを眺めながら「ああ、これを着て出かける機会があればいいのにな」、なんて思いを巡らせてみたりして。

つまり、私のクローゼットには、期待や願望も入り混じっているということ。けれど「無自覚のまま溜め込んでいる服はない」ということは、自信を持って言えます。

だからあなたも、自分をダメだなんて思う必要はまったくありません。出かける機会があまりないならば、出かける機会を作りましょうよ。もちろん、その時はお気に入りの服たちで装って。服をひけらかすのではなく、いろんなコーディネートを愉しんでいるあなたの「ごきげん」を周りの人に振りまくのです。

そして、私はさらにこんなことも考えます。**もしかしてあなたは、「主婦は生産性がなく、大抵はダサくてくすぶっているもの」という思い込みの中にいませんか?** だから「ダサいと思われたくない」と思ってしまうのではないでしょうか。

主婦は、自分と家族の命をメンテナンスするという、すばらしい仕事を担っています。決して「労働=やるべきこと」ではありません。それなのに、残念ながら現代社会では、家族からも社会からも高い評価や称賛を受けることはほとんどありません。だからこそ、自分で自分を評価しましょうよ。

思いっ切りファッションを愉しむことで、自分で自分を「いつも家事仕事、ご苦労様です」とねぎらい、「おかげ様で本当に助かっています」ともてなしてみませんか。そこでのお気に入りの服たちは、「ねぎらい」と「おもてなし」のための重要アイテム。決して「捨てなければいけないモノ」ではありません。

実は「すべて着たい」「捨てたくない」と思っているにもかかわらず、「まだまだ多いから処分しなきゃ」と自分を責めてしまうのは、自分で主婦という仕事を過小評価しているからなのです。

あなただけではなく、誰であれ（もちろん、私も）、自分で自分を「まだまだダメだ」と過小評価しているくせに、「もっともっと私を認めて欲しい」と心の中では叫んでいるもの。モノの片づけは、あくまで断捨離の入り口と考えてください。断捨離とは、「まだまだ」「もっともっと」というふたつの感情を、何度も行ったり来たりしながら取り組んでいくもの。そして、そんな矛盾に満ちた自分を「愛しいね」「健気《けなげ》だね」と認め、受け入れていくもの。断捨離が目指すのは、こうした「ごきげんな生き方」です。**まずは、自分の心の天気を「晴れ」にすることから始めてみてはいかがでしょう。**

冠婚葬祭服は断捨離しても良いのでしょうか？

しばらく開けていなかったタンスの中身を確認したところ、夏用と冬用の喪服、友人の結婚式で着たパーティードレス、子どもの入学・卒業式のためのスーツなどが入っていました。バッグや靴もそれぞれで揃えたので、かなりの量です。できることなら処分したいのですが、なければないで困るモノなのでどうするか悩んでいます。

私が喪服やパーティードレスを断捨離してから、早何年が経つでしょうか。以前はその時々のトレンドのブラックスーツを普段使いし、いざという時は喪服として使っていましたが、今ではその習慣もなくなりました。

なぜなら、**お葬式を完全に断捨離してしまった**から。友人のご両親であっても生前に親交がなければ参列は辞退させていただき、心を込めて哀悼のお花を贈ることにしています。大切な人ならば、なおのこと。ひとり静かに故人を弔《とむら》いたいのです。

身内に関しては、親族だけで送り出す家族葬を行うため、喪服は必要ありません。家族にも「私にその時がきても、お葬式は絶対にしないでね」と念を押してあります。以上は私個人の姿勢ですので、ご参考までに。ハレの日に着るパーティードレスは最旬のものを選びたいので、そのつど買い求めるか、レンタルサービスを利用します。最近では素敵なブランドもののドレスをお手頃価格で借りられるショップも多く、衣装レンタルを行っている老舗ホテルも増えてきたため、これを利用しない手はありません。

最近では、入卒式に着たあと、スタイリングを変えれば普段使いもできるという「着回せるセレモニー服」もあるようですね。私も、「高いお金を出して買ったのだから」と時代遅れの高級スーツを着るくらいならば、着回せるデザインのものを適正価格で購入し、日常的にもとことん着倒してからお役御免にする方を選びます。

一昔前まで喪服は嫁入り道具のひとつでしたが、流行に左右されない着物だったから成り立ったこと。現代では断捨離でその時その場の空間の最適化を追求するように、**冠婚葬祭の常識も、常に「現状認識と最適化」を図っていきましょう。**

必要だけど好きではない
「仕事用の服」について

営業職をしている関係で、仕事中はいつもスーツを着ています。しかし、本当の自分の好みは明るい色合いの華やかな服なので、それぞれ必要なだけ揃えるとクローゼットが手狭になってしまいます。実は好みではない仕事用と、大好きなプライベート用の服がある場合、どのように整理していけば良いでしょうか。

あなたが抱えている問題を整理してみると、さまざまな課題が浮かび上がります。クローゼットがパンパンの状態を問題視しているのか、それとも好みではない仕事用の服の分量を問題視しているのか。はたまた、仕事服（＝必要）と好きな服（＝快適）とのバランスが図れないことを問題視しているのか。もちろん、どれも問題であり、すべてが絡み合っていることは間違いないでしょう。けれど、どれが一番の悩みの種なのかしら、と。

こうやって俯瞰してみると、あなたと仕事との関わりが見えてくるのです。あなたにとって仕事は必要なものだけど、そこでの期待に応えるのには違和感を持っているのかもしれません。あなたのクローゼットでは「社会的・表向きの服」と「私的・内向きの服」が、限られたスペースを巡って縄張り争いしているようです。

言い換えれば、クローゼットがスーツでいっぱいな状態は苦しいけれど、期待に懸命に応えようとしている自分。その一方で、毎日好きな服だけを着て、笑顔で愉しく生きていきたい素《す》の自分。そんなふたりの葛藤がクローゼットから垣間見られます。

これは私の想像のし過ぎでしょうか。それでもやはり私は、あなたにこう申し上げたいのです。

服とは、あなたを演出してくれるモノ。服とは、あなたを防御してくれるモノ。服とは、あなたを表現してくれるモノ。服とは、あなたを励まし、癒やしてくれるモノ。

仕事用のスーツは、言わば戦士の服。どうぞ、存分に機能する服を選び抜いてください。あなたを今以上に優秀な戦士として演出し、しっかりと守ってくれる服を「あなたの軸」で選んでください。たとえ、少しばかり周囲から期待される服（他人軸、世間軸）からは外れたとしても。

そして好みの服は、あなたにとって味方であり友人です。どうぞ、着心地が良く、そして気持ちが晴れやかになる服を選び抜いてください。

選び抜いた服だけがクローゼットに並ぶのは素敵なこと。けれど、いっぱいあり過ぎて苦しく感じるのならば、それは自分の内と外のバランスが崩れている証拠であり、その警告でもあるのです。

洋服も食べ物と同じで、「旬」があります。それは、仕事用であってもプライベート用であっても変わりません。**自分にとってその服が新鮮でないと感じるならば、その感覚に素直になって断捨離すれば良いだけの話**です。

我が家の寝室にあるウォークインクローゼットにはコの字型のハンガーパイプが通っており、向かって左側が仕事用の服、右側がプライベート用の服の指定席。クローゼット内にゆとりを持たせる範囲でハンガーの定数を決め、1本空いたら「新しい1着を買おう」という目安にしています。

そして、積極的に着たいと思わなくなったら潔く手放し、捨てるか、必要とする人にどんどんもらってもらいます。服もお刺身と同じで、やはり鮮度が大切ですからね。

好きだけど似合わない服を手放せません

レースがあしらわれた華やかなデザインの服が好きなのですが、似合う顔立ちではないため、着る勇気がなくて普段はシンプルな服ばかりです。それなのに、好みの服を店頭で見かけるとつい購入してしまい、クローゼットは「好きだけど似合わない服」でいっぱいです。どうすれば理想と現実のギャップを埋められるでしょうか。

あなたへのお答えは、ただひとつ。**今すぐしまい込んでいるその服を身にまとって、街に出かけましょう。「似合わない」なんて、誰が決めたのですか？　まずはその思い込みを断捨離しなければいけません。**

そう言う私も、以前は無難な黒と白の服ばかり着ていたひとり。しかし、断捨離で人前に出るようになった頃のこと。いつも行くお店で明るい色のスカートをすすめられ、言われるがまま試着してみたところ、新たな自分を発見。それからは積極的に多彩な色の服を選ぶようになりました。

最近はカラー診断などで似合う色を提示してくれるツールもありますが、服とは今の自分やなりたい自分を演出してくれる「衣装」であり、私たちの生命がまとう神聖な「装束」なのです。暑さ・寒さを防ぐだけの服は「衣類」に過ぎません。

「理想」とは、自分を苦しめるものではなく、ひたすらに追い求めるものです。しまい込んでいるその服を着ることが、あなたの「こうありたい」という理想像＝セルフイメージならば、誰に何と言われようと思いっ切り愉しめばいいのでは。最初は照れ臭かったり、違和感があったりするかもしれませんが、着ているうちに自然とセンスが磨かれ、自分なりの着こなしが見つかるはずですよ。

さて、服に関するよくあるご質問のひとつに、「断捨離をしてクローゼットにはお気に入りしかないはずなのに、なぜか着る服に迷い、新しいモノを欲しくなる」というものがありますが、これは当然のこと。なぜなら私たちには「常に新しい服を着ていたい」という欲求があるからです。

服は食と一緒で「鮮度」が命。そう、食べ物が新鮮であればあるほど「旬の気」にあふれて美味しく滋養があるように、服たちも「季節の気」をまとってこそ、その役割を果たすのです。古くなったお刺身が美味しくないのと同じですね。洋服に流行があるのは、その時の新鮮なエネルギーの流れを吸収するためであり、それは人間にとって必要なことなのです。

高級ブランドの服でも、時が経って鮮度が落ちたら、その服の役目はすでに終わっています。特に高価な服は一瞬のテンションが上がる分、旬も短いことを覚えておいてください。つまり、**残念ながらこの世には「一生モノの服」など存在しない**ということです。

我が家のウォークインクローゼットにある服のほとんどは、数ヵ月で入れ替わります。つまり、常に新鮮なお刺身しかないということ。その代わりファストファッションも利用しますし、迎え入れたらワンシーズンでとことん着倒します。そして、「今の自分にとって、演出効果はもうない」と気づいたら、すぐに手放します。

食とは内側からの補気であり、服とは外側からの補気です。ここで言う補気とは、文字通り「気」を「補う」こと。あなたも今の自分の心を湧き立たせてくれるお気に入りから、エネルギーを存分に取り込んでくださいますように。

新しいモノを購入できなくなってしまいました

クローゼットと書斎を断捨離し、かなりの量の服と本を処分しました。スペースが空いたので少しくらい買い足しても問題ないはずなのですが、ショッピングに行っても「またゴミになってしまったらどうしよう」と、ハンカチ一枚買えなくなってしまいました。これはまだ買う必要がないということなのでしょうか?

あなたの質問を読ませていただいて、私自身がひとり懸命に断捨離に取り組み出した時のことを思い出しました。かれこれ30年前のことです。

実は、断捨離には思いがけない「副作用」があるのです。私の場合は「街で売っているモノがすべてゴミに見えてしまう」というものでした。特に、大型ディスカウントショップでうずたかく積み上げられている品々は、どんな高級ブランドが交じっていても私の目にはゴミとしか映らず、思わず笑ってしまった記憶があります。

断捨離を通じて潔さと思い切りが身についていくプロセスを辿《たど》ると、意識もどんどん移り変わっていきます。私たちはいろんな道を歩き、経験を重ねる中で進化していくもの。ゴールは一直線に辿り着くものでも、辿り着かねばいけないものでもありません。

大切なことは、今の自分の状態を俯瞰してあげることです。断捨離を始めてたくさんのモノを処分した私。いつの間にか新しいモノを買うことに抵抗を感じている私。「また不要になったらどうしよう」と不安になる私。そんな3人の私がいる。今のあなたは「良い」「悪い」ではなく、「進化の途中経過でそんな状態にある」という、ただそれだけのこと。

そんな健気な自分を笑って許してあげませんか。私の場合は、何でもゴミに見えてしまう自分を許すというより笑い飛ばしてしまいましたが。はい、実際に笑える有り様だったので。

これからもさまざまな途中経過があることでしょう。いろいろな自分を発見して、味わって、面白がって、愉しんでくださいますように。

トイレ掃除の方法を教えてください

やました先生は「ブラシを使わず、素手でトイレ掃除をする」と知り、驚くと同時にとても興味を持ちました。それというのも、トイレブラシの置き場所に長年頭を悩ませているからです。見た目も良くない上に邪魔で、断捨離できるものならばしたいくらいです。ぜひ具体的な掃除の仕方を教えてください。

素手でトイレ磨きをすることがそんなにハードルが高いこととは、ずっとこの方法で掃除している私にとっては新鮮な驚きです。

もちろん、便器の掃除にトイレブラシを使おうが、スポンジを使おうが個人の自由。とはいえ、ダンシャリアンの中には「トイレブラシはビジュアル的に見苦しいので本当はトイレに置きたくない。でも、ないとトイレ掃除ができなくなるのでやむなく置いている」という方も多いようです。

なぜ私がトイレを素手で磨くに至ったか。それは「気に入ったトイレブラシがなかった」ことが始まりでした。デザインが気に入らない、掃除道具を目につくところに置きたくない、濡れたブラシを清潔に保つのが難しいなどと、申し訳ないくらいブラシさんを目の敵にしてしまったのです。それでブラシを追放した結果、残る選択肢は素手しかなかった訳なのでした。

それでも素手でトイレを磨くことには、最初から抵抗はありませんでした。なぜなら、我が家のトイレが汚いモノだとは思っていなかったからです。それに今ではどこでも掃除用のトイレシートが気軽に買えるようになりました。これさえあれば、いつでも簡単にキレイにできます。

「そのつど掃除」を実践している私は、一日に何回もトイレシートで便器を拭きます。だから、こびりついた汚れで往生することも、困惑することもありません。シートでさっと拭いて、さっと流す。便器の上も下も、外側も内側も、床も壁も1枚のシートで充分にキレイになります。トイレブラシを使う人が多い便器の中も、流したあとの水だから手を入れても問題ありません。

そして週に1回は、クレンザーをスポンジにつけて徹底的に磨きます。これは私にとって、まさに趣味であり喜びの域。汚れを落とすのではなく、ピカピカに光らせるのが目的ですから。使うスポンジはキッチンのお古なので、使用後はそのまま捨てるという簡便さです。もちろん、トイレ掃除のあとは自分の手も石鹼でよく洗います。

ちなみに、私は大抵1週間に1回は食器洗い用のスポンジを取り替えます。そのあとシンクやガス台磨きに使ったら、最後はトイレへ。隅の汚れまで落としやすいように、あらかじめ手に収まりやすいサイズにカットしておくと、ムダなく使い切れて気持ちが良いです。

私は思うのです。**排泄は食べることと同じくらい、いえ、それ以上に重要な命の営みであると。**阪神・淡路大震災や東日本大震災では、水洗トイレが機能しなくなったことでトイレの使用が極度に困難になり、水分摂取を減らして体調を崩した方や感染症にかかってしまった方もいらっしゃいました。

だから、排泄の場であるトイレを磨くのは、キッチンのシンクをピカピカに磨くのと何ら変わりがないこと。どうか、トイレに愛を！

今日からできる

断捨離習慣 No.3

こまめな始末 習慣 ❷

私たちはついつい物事を先延ばしにしがちですが、常にモノも気持ちも溜め込まないのが断捨離流。習慣にすれば心身ともにゆとりが生まれ、「今を生きる」エネルギーが湧いてきます。

食洗器は
少量でも回す

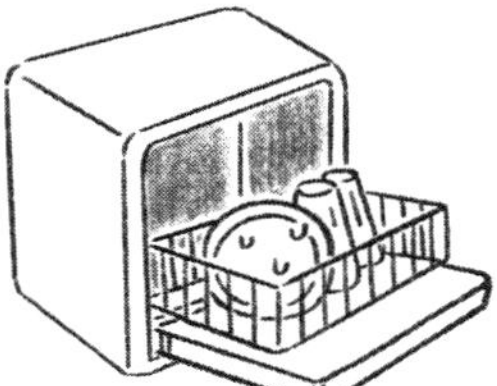

読みかけの本や仕事が
あっても出しっぱなしに
しない（机の上にあるのは、
今やっていることだけ）

不機嫌な人に出会ったら、
相手を思いやり、自分は
思いを引き受けない

取っておく紙袋は
枚数を決める

言いたいことは
SNSで毎日発信して
気持ちを手放す

朝と夜のヨガで
身体の中の呼吸を
入れ替える

長年住んでいる家が広く感じてきました

40年前に購入した一戸建てに、夫婦ふたりで住んでいます。3人いた子どもが全員巣立った直後に断捨離に出会い、今では「この家はこんなに広かったのか！」と感動するまでに至りました。それと同時に、この広さを持て余し、「分不相応だ」とさえ感じているのも本心です。

一昔前までは、日本人には「家を持ってこそ一人前」という感覚がありました。多くの人にとって家は「一度買ったら一生住み続けるもの」という感覚で、「自分が苦労して建てた」「高い住宅ローンを組んで買った」という思いがあるため、家族が減っても、建物が老朽化しても、なかなかそこを離れられません。

つまり、現代において家は「大きなお荷物」になりかねないということです。「人生100年時代」と言われるこの時、生き方と住まい方は直結していると言えるでしょう。とはいえ、大きな家に自分の人生が縛られてしまっては切ないですよね。

ですから、まずはあなたの思考の位置を検証してから、次の対策を練ってみましょうか。つまり、どんな理由で今の家が自分にとって「分不相応」と感じるのか、そこを自問自答してみるのです。

仮に「不相応」とするならば、何か基準＝「分」に当たるものがあるはず。言い換えるならば、**「相応しい」と感じるにはどんな基準がクリアされていればいいのか、考えていく**のです。

あなたにとっての「分」は、自分の年齢？　それとも世帯人数？　もしくは経済状態？「分不相応」の「分」とは、「自分」の「分」。だから同じ人であっても、セルフイメージによって不相応か相応か、感じ方が変わってきます。要するに、年齢がいくつであれ、家族が何人であれ、収入がどの程度であれ、自分が「分相応」と見なしたならば、抵抗なくどんな家でも暮らせるはずです。

次に、もうひとつこんな視点で検証してみましょう。家といえども、「モノ」であることには変わりがありません。その大きさや金額ゆえに、そうはなかなか思えないかもしれませんが、モノはモノ。**本来ならば今の自分にとって「要・適・快」であるか、「不要・不適・不快」であるかを、常に見直す必要があるのです。**

断捨離の時間軸は「今」、重要軸は「自分」です。もしも今の自分にとって「こんなに広さは必要ない」「この間取りでの生活は相応しくない」「経済的な負担があり過ぎて快く居られない」のに住み続けているのならば、それは「要・適・快」でしょうか？　それとも「不要・不適・不快」でしょうか？

私自身、以前住み暮らしていた北陸・石川の家を同様の理由で断捨離しました。子どもが独り立ちし、夫が事業を引退した今、もはや私たち夫婦の暮らし方にフィットする家ではなくなったからです。

蛇足ながら、そんな経験を持つ私から「同じ地域の中で小さい家に引っ越す」「住みやすいようにリフォームする」といった選択肢もあることも申し添えておきますね。

家を住み替える際、気をつけるべきこととは？

子どもが全員独り立ちし、定年した夫とふたり暮らしです。現在住んでいる家は段差が多く、掃除の手間もかかるため、住み替えを考え出しました。断捨離の視点から、家を選ぶ際におさえるべきポイントがあれば教えていただきたいです。これを機に家中のモノを徹底的に断捨離して、第二の人生を明るく歩み始めたい所存です。

以前、ある住宅メーカーの講演会で、私はこんな風にお話ししました。

「家族が拡大していく時期は大きな家が必要だけれど、家族が縮小すれば大きな家はかえって住みづらく暮らしづらい。かつては手狭だった家も、今では空き部屋が物置となり、忘れられたモノたちが積み上げられていくばかり。要らなくなったモノでさえ捨てられないと悩む私たち。そんな私たちが、家を軽やかに住み替えていくのはよほどの意識改革が必要となっていく」と。

事実、高齢期には小さな家に住み替えるといった「生活空間のダウンサイジング」が必要と分かっていながらも、環境変化への恐れや転居の大変さ、そして断捨離の難しさから二の足を踏んでいる人はとても多いです。

けれど、家だって「モノ」であることには変わりないのですから、常に「要・適・快」であるか問いかけ、「不要・不適・不快」と自分自身が判断したならば、潔く手放していけばいいのです。

我が家は、私が64歳の時に40年間暮らした石川県小松市の一軒家を離れ、沖縄県那覇市のマンションへと移住しました。息子が家を離れたこともあり、ちょうどいいタイミングだったのです。

家を手放すという大きな断捨離は、私たち夫婦にとって普段の生活を見直す良いきっかけにもなりました。例えば「6枚切りのパンを買って余らせるくらいならば、おいしいパンをふたつだけ買う」といった具合に、食べ物も食器も布団もふたり分あれば充分。その結果、空間にも心にもさらにゆとりが生まれました。

この経験からも、収納空間がムダに多い家はおすすめしません。特に、断捨離で「溜め込み期」とされている50代から70代は、困らない程度の収納で充分です。ちなみに、この「溜め込み期」は、自分の居る空間に対し、必要以上に物が溜まっている状態に慣れてしまっている時期のこと。こうなるともう収納で解決するのは難しく、空間の快適さを取り戻すには不要なモノを捨てるしかありません。

だからこそ、**定年後は「収納空間があれば、どんなにモノが多くてもすっきり片づく」という思い込みをきっぱり捨て、収納空間の「使い方」に目を向ける**のです。つまり、ひたすらモノを絞り込み、モノを選び抜き、空間を清々しく居心地の良い場所にしていくこと。そこには天井高くまで背が伸ばされた収納棚も、壁際にずらっと並べ置かれた収納グッズも存在しません。

居住エリアの見直しに関しては、人それぞれ。これまでは地縁・血縁関係や子どもの学区、勤務地などを考慮しなければいけませんでしたが、定年後はこれらの縛りからも解放されます。

ご近所コミュニティが気に入っているならば、同じ地域の中で小さな家やマンションに住み替えるのも一考。金銭的に余裕があるならば、自然豊かな田舎にある家を購入して、都会と行き来する生活も愉しいかもしれません。もしくは、自分のことを誰も知らない新天地で、人生を再スタートしたいという人もいるはず。選択は自由です。

私の場合は、もともと「縛られたくない」という欲求が強いタイプ。タイやマレーシアといった海外への移住に憧れたこともありましたが、言葉や文化の壁を乗り越えるのは簡単なことではありません。また、断捨離がもたらしてくれた良縁を享受し、「運」という見えない流れに乗ってきたことも確か。思い返せば、住み替えに際しても人との摩訶不思議なご縁に導かれたように思います。

移住先での家探しで夫が挙げた第一条件も、「近所に気の置けない主人がいる居酒屋があること」でした。一日の終わりにふらりとお店を訪れ、他愛もない話をしながら食事をする。定年後の人生にも、私たちにはそんな「心の居場所」が必要なのではないでしょうか。

最後にもうひとつ。移住したからといって、そこを「終《つい》の住み処《か》」と決めつけることはありません。暮らしや心も常に変化していくもの。**大切なのは、「勝手な思い込みで人生を悩んでばかりいてはいけない」ということ**です。

人の章

断捨離すると
家族が文句を言います

夫と息子は、私がモノを捨てると「まだ使えるのに！」と怒ります。これまではキッチンを中心に断捨離していたので、大きな問題にはなりませんでしたが、次は家族のモノが大量に置かれた物置に着手したいと思っています。「家族一緒に」は無理だとしても、文句を言われないように進める方法が知りたいです。

断捨離を進めるにあたって、家族がただちに理解してくれることは稀《まれ》です。それどころか、抵抗勢力となって立ちはだかってくることの方が多いでしょう。なぜなら、「もったいない」という社会規範や一般常識が主流である現代において、私たちの多くは「捨てる」という行為に馴染みがないからです。

しかも私たちは、保守的で現状維持を好む生き物です。断捨離という、言わば新しい価値観を受け入れることに心情的抵抗が起きるのは無理もないことでしょう。

結論から申し上げると、「家族に文句を言われずに断捨離をする方法」などというものは存在しません。それを心得ておいてください。人間も動物ですから、空間を共有すれば「私の存在を認めて」「言動を理解して」という「マーキング行動」が始まります。家族のおのおのが、縄張りを主張するかのごとく自分の所有物を放置するのは、「片づかない」のではなく「片づけない」という状態なのです。

「このガラクタがなければもっとすっきりするのに」「私は頑張って捨てているのに、あの人は……」という怒りがふつふつと湧いてきたなら、もしかして無意識に「自分の縄張りが侵されている」と感じ取っているのかもしれませんね。

もちろん、文句を言われるのは気持ちの良いものではありませんが、それと同時に「文句を言っている家族の方も気持ちが良い訳ではない」ことを理解する必要があります。性急に他人のモノを勝手に捨てることだけはしないでください。たとえ家族であっても、人生の選択・決断はすべて、その人自身のものです。勝手に領域を侵してはいけません。

相手のモノが不要に思えた時は、まず相手の承認欲求をきちんと認め、「あなたのことを分かりたい」という姿勢で接してみてください。その気持ちが伝わり、結果的にマーキング行動が鎮まったというケースも多々あります。

自分自身と、ともに暮らす家族が快適でいられる住空間を作る。それが大切な目的だったはず。もしもあなたが「家族がいても断捨離を進めていきたい」という強い決意を持っているならば、**「一体何のために、誰のために断捨離をしようとしているのか」を、常に自分に問いかけてください。**そうすれば家族との間に起きるさまざまな出来事も、きっと乗り越えていくことができるはず。

断捨離に取り組んでいくと、夫との関係、子どもとの関係、両親との関係、そして何より自分自身との関係に気づきが深まります。

家を片づけることによって起きるさまざまな出来事を通じて、家族との関係を見直していくことも、断捨離の大切なプロセスのひとつ。どうか心地良いことも、不愉快なことも、起きることすべて丸ごと受け止めてくださいますように。

夫のコレクションに苦しめられています

夫が趣味で集めたプロ野球グッズのせいでスペースが圧迫され、悩んでいます。広い家ならどんなに増えても気になりませんが、我が家は狭いマンション暮らしです。自分には価値が分からないモノばかりであることも手伝って、憂鬱で仕方がありません。言い争うのにも疲れました。私が間違っているのでしょうか？

質問文から、今にもモノに押しつぶされそうになっているあなたの心の叫びが聞こえてきました。自分には理解できないご主人のコレクションで占領された住まいは、文字通り「息が詰まる」空間なのでしょう。

私が運営している断捨離塾の受講生さんの中に、あなたと同じ悩みを抱えた女性がいました。彼女の夫は、自分の趣味のモノとあらばのべつまくなしに買い求める生粋のコレクター。外に倉庫を借りても収まりきらず、家中にコレクションがあふれ返っていました。ダンシャリアンである彼女は夫に断捨離の提案をしましたが、聞き入れてくれるどころか「僕には無理な思想だ」とますます頑固に。それからというもの、夫は以前にも増してモノを買い求めるようになりました。

それでも諦めなかった彼女は、夫の趣味のモノを全肯定し「絶対に捨てないから、あなたの部屋を素敵な書斎に生まれ変わらせてください」と嘆願。そして趣味のモノを分別し、一番のお気に入りを壁面収納で素敵にディスプレイしたのです。

それと同時に、多過ぎるモノや使ってないモノを一時的に預かる「家庭内保管サービス」というアイディアを考案。その結果、夫の方から「これほどの量は要らないから手放すよ」と言い出すまでになり、かなりの量を減らすことができました。

ここでのポイントは、夫のコレクションを「私は決して好きではないし興味もないけれど、あなたはそれが大事なのね」と「尊重」したこと。そして、彼が管理できないモノを預かり、使う時はすぐに出してあげるという「安心感」を与えたことです。

断捨離をしていくと、「今の私を基準にすること」によって自分を大切にできるようになり、それと同時に相手をも大切にできるようになります。その第一歩は、**価値観の違いを踏まえること。「私には分からないけど、あなたはそれが好きなのね」と認めていく。**自分が理解できないモノに対して攻撃を仕掛けるのは得策ではありません。

家族が限りある住空間と、そこに流れる時間を共有するにあたって、一番厄介なのは「家族だから」「夫婦だから」という何の根拠もない「だから」です。友情を築くためにお互いが努力するように、仕事を円滑に進めるためにお互いが協力し合うように、家族にもお互いが信頼し合っていく関係を作る努力が必要なのです。それなのに、「家族だから」という甘えに加えて、コントロールや支配まで発生してしまっているのが現状。これでは揉めない訳がありません。

夫婦というのは、10年以上一緒にいるとだんだん価値観がずれてくるものなのです。その差はよほどのことがない限り埋められません。それならば、相手の価値観を否定するより尊重していく姿勢を取った方が、より賢明でより平和的に物事が推移していくのは明らかです。まずは「家族だから」という幻想を断ち切ることから始めてみてはいかがでしょうか。

どうしたら子どもが片づけてくれるようになりますか？

現在、5歳と3歳の育児中です。どんなにこまめに片づけても、すぐに子どもたちが散らかすので、いつもリビングはおもちゃだらけです。特に断捨離に熱中している時は、ゴミひとつ落ちていただけでイライラし、つい叱ってしまいます。子どもたちに片づける方法やモノとの付き合い方を教えるにはどうすれば良いでしょうか。

子どもの散らかしは、ママさんにとって頭の痛い問題ですね。私は子育てが遠い昔の話になってしまいましたので、片づけてはおもちゃを散らかしていた幼い子を、なんだか懐かしく思い出します。

ところで、子どもはなぜモノを散らかすのでしょう。それは、**散らかすことによって理**

解を進めているからです。つまり、散らかしとは分解作業。分解の「分」は「分かる」であり、「解」はもちろん、理解の「解」ですね。

そう思うと、子どもの散らかしは、お勉強のようなもの。賢くなるための重要なステップなのです。だから思う存分、散らかさせてあげてください。

そして子どもは好奇心が旺盛。その好奇心こそが人生を面白く生きるための基礎だと私は思っています。だから、ガラクタを拾い集めてくるようなことがあっても、どうぞ思う存分させてあげてくださいますように。

けれどママとしては、散らかったモノたちは忌まわしい存在ですね。だからつい、「片づけなさい！」と連呼したくなるものです。でも、そうしたところで効果がないことも、あなたは充分承知しているはず。

ならば、アプローチの仕方を変えていきましょうか。そのひとつが「環境づくり」。もうひとつが「言葉のかけ方」です。

環境に関しては、何もない平面を作り与えてあげること。大きな食卓テーブルでも良いでしょう。そこは、子どものモノだけを広げるスペースであり、子どもが誰からも邪魔されずに自分のモノを広げられる空間とします。

そこで思う存分遊んでもらったら、次は広げたモノたちを片づけなくてはいけません。床やテーブルにいつまでもモノが広げられていたら、くつろぐことも食事することもままなりませんからね。

その時に指令・命令するのはご法度。ぜひ、こう「問いかけて」あげてください。

「さあ、あなたの大切な宝物、どこに取っておこうか？」「あなたの大事な宝物、どこにしまって隠しておこうか？」

自分にとっての宝物を親も大切に扱ってくれたら、どんなに嬉しいか。断捨離をしているあなたなら承知しているはずです。子どもであれ、大人であれ、宝物は自然と大切に扱うもの。なにも、「大事にしなさい」と指示する必要はありません。

やがて子どもの旺盛な好奇心は、また別のモノへとシフトしていくことでしょう。その時は、飽きてしまったモノたちを始末する儀式を「○○ごっこ」として行うのです。どんな風に行うかは、子どもたちと一緒に考えてみてください。

子どもは、充分散らかすという体験を経てこそ、手放すということも自然にできるようになります。まずは子どもたちが存分にモノを散らかし、学べるスペースを作るために、あなたの断捨離を加速させてくださいね。

義母と同居しながら断捨離するには？

夫の母と同居しているのですが、考え方も趣味もまったく違うのが悩みです。断捨離してせっかく快適な空間ができても、相談もなくモノを置かれるなどして、やる気をそがれます。処分したい食器もたくさんあるのですが、どれも義母のお気に入りで勝手に処分できません。どうすればこの状況で断捨離を進められるでしょうか。

価値観の違う義母さんとの同居がどんなに息が詰まるものか、私にもその経験があるのでお気持ちは痛いほど分かります。姑VS嫁は永遠のテーマですが、今回のお悩みはモノを溜め込む「タメコミアン」の義母さんと、断捨離に励む「ダンシャリアン」のあなたとの戦い。しかし住空間には限りがあると同時に、時間も流れています。よって、今回の課題は「生活空間での縄張り争い」と、「生活時間での主権争い」であると言えるでしょう。

だから、「相談もなくモノを置かれる」「処分したい食器を溜め込む」といった、あなたをイラつかせる出来事は、ほんの表面上の問題でしかありません。そんな行動を数え上げていてもキリがなく、あなたの消耗も際限なく続いていくことになります。

だからと言って、「義母さんの行為を気にしないように」といった忠告ほど、虚しく響くものはありません。だってそれは、「諦めなさい」と言っているようなもの。それこそ、あなたを絶望的な気持ちに追いやってしまいますよね。

実際に私も姑との同居時代に、実家の母から「相手は年寄り。先に逝く身なのだから辛抱しなさい」と言われ、「今の閉塞感があと20年も続くのか」と、自分がとても惨めで可哀想に思えた経験があります。あの時ほど落ち込んだことはありません。だからあなたにも、当時の私と同じ気持ちを決して味わってもらいたくないのです。

ですから、私はこう思うのです。**あなた自身が、自分の心の奥底にある本当の気持ちに、もっともっと耳を傾ける必要がある**ということを。

「自分の城であるキッチンを思うようにしたい」「毎日の食事では自分の好みの器を使いたい」というささやかな気持ち。さらに、そのもっと奥にあるであろう「義母と同居せずに暮らすことができたら、どんなに良いだろうか」という、今まで封じ込めていた本当の気持ち。その両方を、自分自身で認めてあげませんか。

断捨離とは、不要・不適・不快なモノを取り除いていくことですが、それはモノに限ったことではありません。出来事にも人間関係にも通じることなのです。そのため、断捨離を始めると、見て見ぬふりをしていたことがどんどん浮かび上がってきます。そして、そこに向き合うことが状況を変容させるための第一歩なのです。

ここで注意しなくてはならないのが、あなたにとって不要・不適・不快なのは、義母との「同居」であることです。義母の存在そのものではありません。もしご自身の心の奥底に「同居しない暮らし」への思いがあったならば、素直に、いえ、積極的に自分自身で受け入れましょう。もしかすると事態が動き出すかもしれませんよ。

「別居なんて、物理的にも心理的にも、何よりも経済的に無理」だと思っていたはずなのに、正直な心を認めた途端、事態がなぜだか思いもよらない展開をし始める不思議。そんなことを起こしてくれるのが断捨離です。だから今は、どんなに義母さんとの「イタチごっこ」が続いても、諦めることなく断捨離を続けてください。なぜなら、あなたの断捨離は、まだ始まったばかりなのですから。

職場の先輩がくれる「お土産」に悩んでいます

職場の旅行好きの先輩が、要らないお土産をくれることに困っています。お菓子などの「消えモノ」ならば問題ないのですが、写真立てなどの雑貨が多いです。仕事上でも自己中心的な方なので、この行動も納得なのですが、喜んでいるふりをすることもストレスです。それとなくやめてもらえるような方法はありませんか?

日頃お世話になっている方々へ、感謝の気持ちを託して贈るお中元やお歳暮のやりとりも、近頃は減ってきているようです。とはいえ、周囲の人からプレゼントやお土産をもらう機会は、日常的にまだまだ多いものですね。

さて、質問文によると、あなたは職場の先輩が「要らないお土産をくれる」ことにストレスを感じている。そして、その行動を「やめて欲しい」と願い、その願いを「それとなく伝えたい」と思っている。

私には、あなたの中にその先輩への大きな「期待」と、その期待から生まれる「怒り」があるように感じました。

断捨離では、常に「自分」を軸に置くことを大切にしています。なぜなら「自分」と「自己肯定感」は密接につながっているから。**自己肯定感が欠如していると、自分を頼ることが心許《こころもと》なくなり、「何か」や「誰か」に頼らざるを得なくなります。**だから、「他人から良い人に思われたい」と他者に評価を依存するような考え方をしていくようになるのです。

これは、自分軸ではなく「他人軸」の生き方です。

それと同じく、他人に対して「これをやめて欲しい」「こうして欲しい」と願うこともまた、他者依存であり、「他人軸」の考え方なのです。

「要らないお土産」という、他者から押しつけられた観念（価値観）に心が乱されるのは、あなたの自分軸が確立していないから。

自分という軸が確立されないままでいると、「〜して欲しい」「〜してくれない」といった相手への期待が実現しない時、「自分の思い通りにしたい」という自分勝手な思いから生まれる「怒り」が湧いてきます。

私はこのような人を「くれない族」と呼んでいます。くれない族は、「これもしてくれない」「あれもしてくれない」と他人に期待をかけ過ぎて、自ら苦しみを生み出しているのです。

自分軸がしっかりと確立されていれば、全体を見た上で「自分の本意ではないけれど、総合的に最良」の選択をすることができます。そして、ここで言う最良の選択とは「意図的に他者に合わせる」ということです。

今回の場合ならば、「まったく好みではないお土産だし、この先輩の性格も好きではないけれど、同じ組織で働いている者同士には違いない。何よりも、お土産を買う時に自分のことを思い出してくれた。お互いにとっても、他の仲間にとっても、仕事をする上で職場のムードは大事だから、その気持ちをありがたくいただこう」。これが自分軸を持った人の選択です。そして、持ち帰ったところで要・不要を見極め、不要ならば始末させていただく。これで何の問題もありません。

これを機に、他人軸で生きているご自分とじっくり向き合ってみましょうか。そして、自分勝手な期待を投げかけて、期待に沿わない結果に勝手にがっかりするという「ひとり

芝居」で自分をごまかすのは、もう終わりにしませんか。

まずは、自分が「くれない族」になっていたことに気づくだけでもいいのです。上司や先輩、同僚の中には、どう頑張っても好きになれない人もいるでしょう。それを無理に好きになれとは言いません。「嫌い」のまま、放っておけばいいのです。大切なのは、自分の価値観を見つめ直すことですから。

それができたなら、他人との距離を測ることができます。人間関係にはそれぞれに、適度な距離が必ずあります。それを見誤るから、近づき過ぎて攻撃を受けてしまったり、拒否されて傷ついたりしてしまうのです。ですから、あなた自身がその先輩との「最適な距離感」を探ってみる必要があります。

さらに、他者と接する際に大切なのは「接触頻度」と「接触時間」です。本来、人間関係とは、自分の位置も相手の位置も常に変化していくことを前提に、その時々で最適な距離、頻度、時間を測っていくものなのです。

自分軸を持ち、周囲の人々と最適な距離、頻度、時間を保てたならば、私たちはお互いにとって最高にフィットした形での人間関係を築くことができます。そのためにはまず、断捨離を通じて「自分軸」を取り戻すことから始めてくださいますように。

「出戻り」の身で肩身が狭く、断捨離が進みません

数年前に離婚し、子連れで実家に戻りました。私は仕事と育児で手一杯で、家事は実母に任せきりのため、家の中のモノをひとつ捨てるにも肩身が狭いです。生活のためと割り切りつつも、親子仲は決して良くなく、「母が死ぬその日まで、家に居心地の良さはない」と思うと絶望的です。この思いとどう向き合えば良いのでしょうか。

これは、何とも切ないご質問です。あなたは、断捨離が思うに任せないのは同居している母親の存在が原因で、だから彼女がいなくなるのを待たなくてはならないとまで思い詰めている。

そう思いたくなる気持ちは、私にもよく分かります。なぜなら、私自身もかつてそんな

思いに駆られた経験の持ち主ですから。とにかく捨てることを嫌がる「ハイパー・タメコミアン」の母親と、「もったいないオンリー思考」でモノを留め置く姑。そのふたりの存在をどんなに疎《うと》ましく感じていたことか。それこそ心の中で幾度、このふたりがいなくなることを願っていたか知れません。

でも今ならば、自分の思考がおかしかったことが分かります。どうやら私たちは、モノを邪魔に思うとその持ち主も邪魔に感じ、人を邪魔に思うとその人の持ちモノも邪魔に思う。そんなサイクルの中にいるようです。そう、モノと人、人とモノはどこまでも密接な関係にあるのです。

では、もう少し思考を進めてみましょうか。そう、断捨離の視点で考えると、問題となるのは抵抗勢力となって立ちはだかっている母親の存在ではなく、ましてやモノの堆積でもありません。今、自分の居る場所が「自分の居場所とは思えない」ことなのです。そのことに私たちは苛立ちを募らせ、やがてその苛立ちが「諦め」となり「絶望」に変わっていくのです。

「バツイチ出戻り」の自分、「仕事と育児で手一杯」の自分、「家事を任せきり」の自分、「肩身が狭い」自分、「親子仲が良くない」自分、そしてこれらすべてを「生活のために割り切っている」自分。そんな自分が、いつもあちこちに顔を出しているとしたら、それこそが「自分の居場所とは思えない」証拠に他なりません。

要するにあなたは「割り切っている」と思っているだけで、その実、まったく割り切れてはいないのです。だとしたら、私からあなたにできるアドバイスはこれしかありません。

直ちに、その「割り切っている」という「自分への嘘」を断捨離することです。そう、**もっともっと自分に正直になる**のです。「自分は、こんな生活をしているはずではない」「自分は、こんな場所に居て良いはずがない」という怒りの矛先を母親に向けるのではなく、「私には、もっと相応しい居場所がある。ここで諦めている場合ではない！」と自分を叱咤激励するのです。

断捨離の目的を、「現在の生活環境からの脱出」だと明確にする。「自分は必ず、もっと良い生活環境にステップアップする」と言い切る。これが大切です。

なぜなら、あくまでも**断捨離は手段であり、目的ではない**から。だから断捨離することを目的としてはなりません。あなたの目的は、経済的にも精神的にも自立した存在となって、自分で自分の居場所を創り上げていくこと。断捨離はそれを実現させる卓越したツール＝道具なのです。それを忘れないでくださいね。

今日からできる **断捨離習慣** No.4

習慣1 とにかく拭く・いつも光らせる

掃除は、汚れを溜めてから一気にやるより、小まめにやるほうが汚れ落ちも良く短時間で終わります。習慣にすれば、汚れやすい水回りも常に美しく保たれますよ。

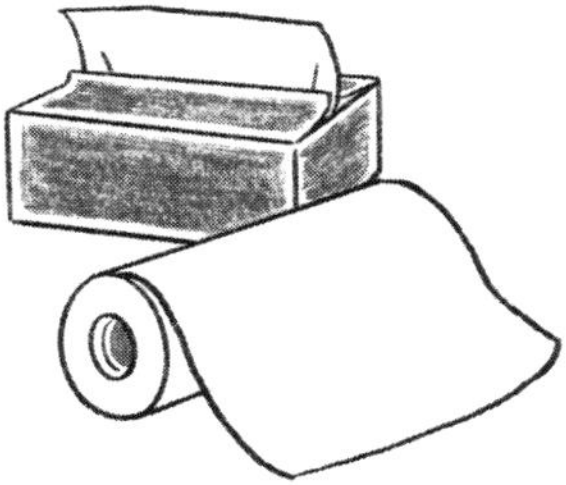

必需品はペーパータオル類。
いつもさっと出せる場所へ

冷蔵庫から
モノを取り出したら、
戻す時にさっと拭く

料理中に
ペーパータオルを
使ったら、捨てる前に
周囲を拭う

顔を洗ったら
シンクと鏡を必ず
ペーパータオル
で拭く

施設に入居した母の持ち物を整理したいです

ひとり暮らししていた母が先日高齢者施設に入居しました。現在実家は空き家ですが、押し入れもタンスもモノでびっしり埋まっています。父の遺品や自分の思い出の品などはすぐに処分できましたが、母はモノを大切にする人だったので捨てるには忍びなくて……。私しか片づける人間がいないのにどうすれば良いでしょうか。

ご実家の片づけに難儀されておられるとのこと、これはあなただけに限った問題ではありません。高齢の親を持つ多くの子世代が抱える深刻な社会問題です。

人は、おびただしい量のモノを抱え込みながら生き、そして大量のモノを残して亡くなるもの。このような相談をお受けすると、あの世までモノを持っていくことができない無常さをしみじみ感じます。そして、それらを否応なく受け継ぐ立場となる私たちにとっては、残されたモノも、空き家となった家屋も、故人の人生の残骸でしかないのかもしれません。

それは私も例外ではありません。もしも今私が死んだとしたら、残されたモノたちは誰にとっても残骸でしかないでしょう。なぜならモノの価値とは、その所有者の価値観の反映でしかないからです。

あなたのご質問を整理してみましょう。父親のモノは始末できた。でも、母親のモノは始末が進まない。その理由は何でしょう？

父親は故人であり、母親は存命しているからなのか。つまり、亡くなった人のモノは片づけることができたけれど、生きている人のモノは躊躇してしまうのか。はたまた父親のモノにはあまり価値がなく、母親のモノには価値があるとあなたの目に映ったのでしょうか。

あなたは自分の思い出の品はすぐさま処分できている。その事実に立ち返ってみませんか。故人となった父親のモノも、存命している母親のモノも、あなたのモノではないにもかかわらず、ただ管理と始末だけを請け負ってひとり苦しんでいる。こんな理不尽なことはありません。

管理も始末も、あなた自身の裁量・采配で自由にしたら良いのです。なぜなら、それらのご両親のモノたちは、すでにご両親が放棄した運命にあるモノたちだから。

親から何を受け継いで、何を放棄するかを決めるのは、あなた。そう、選択・決断とその実践は、あなた自身の手にかかっていることを、誰よりもあなたが認めなければなりません。

最後にひとつだけ。実際に、あなたひとりの手には負えない物量であることは確かなのでしょう。選択と決断はあなた自身で。でも、その後の始末は専門業者を含めた他者の助けを仰ぐことが賢明です。

「私しか片づける人間がいない」という悲壮な思い込みこそ、どうぞ一番に断捨離してくださいますように。

母の遺品整理が進みません

先日、おびただしい量のモノを遺して母が逝きました。遺品整理をしたいのですが、「故人の自分軸」は確認する術《すべ》がなく、途方に暮れています。というのも、生前の母はとにかくモノを手放すことに反抗的で、私が助言してもまったく聞き入れてくれなかったからです。考えるだけで、もう逃げ出してしまいたい気持ちです。

あなたの質問を読ませていただき、私も亡くなった母のことをしみじみと思い出しました。私の母もまた、あなたの母親と同様、「モノを捨てる」という事実一点に激しい抵抗を示し、思考が鮮明だった最後に言った言葉も「それ、捨てないで！」のひと言だったからです（もちろん、母自身がまったく無用だと思っていたモノであったにもかかわらず）。

この時の私の激しい落胆と無念、あなたにならきっとお分かりになっていただけるはず。

モノを溜め込んだまま、自分で始末をつけることなく逝ってしまった母親。その始末を、心ならずも引き受けることになったあなたの戸惑いは、いかばかりか。かつて同じような状況にあった私がどのように考えているか、少しでもご参考になれば幸いです。

故人が遺していったモノたち。それらは、もはや残骸でしかない、ということを119ページで先述しました。生活の残骸、人生の残骸ですね。なぜなら、それを活かす人が居なくなってしまったからです。けれど、その中には故人の、あるいは故人さえも意識していなかった「埋もれた宝物」があるのでしょうね、きっと。

あなたはまず、この2種類が存在していることを理解しなければならないと思うのです。つまり、母親が遺していったモノたちの中には、「土砂」のモノもあれば「砂金」のモノもある。今は、これらが入り交じった状態です。そして、土砂が圧倒的な量であることは言うまでもありません。

ですから、その土砂を丹念に取り除いて差し上げる行為こそ、母親の供養となるとは思いませんか。

肉体を離れた世界に逝ってしまった母親には、もはやどうすることもできない土砂の始末。それを先延ばしにしていては、モノへの固着から漸《ようや》く解放され、魂の世界に旅立った母親の未練を、かえって呼び起こすことになりはしませんか。

また、私はこうも考えます。確かに母親が遺したモノたちは、「モノを捨てたくない」という母親の信念の証拠品でしょう。けれど、その信念を証拠の品々とともに受け継ぐか、受け継がないかは、あなた自身が決めること。**その選択・決断は、あなたの領域であり、あなたの自由。**そうではありませんか？

身内の死、親の死とは、悲しく辛く、心がひどく痛むもの。しかも、それがあっけなく突然であればなおのこと。でも、これは私たちが避けては通れないことでもあります。そう、いずれにしても私たちは親から卒業していかなければなりません。

ならば、なおのこと心を奮い立たせて断捨離を。「土砂」を丹念に、時には大胆に取り除いていきながら、母親が遺した「砂金」を発掘発見していくのです。そしてその土砂は、あなたにとってはゴミそのもの。潔く始末すれば良いのです。

あなたが土砂の中からよみがえらせたその砂金こそ、あなた自身が見事に勝ち取った「親からの卒業証書」となるに違いないでしょう。

断捨離がきっかけで夫と対立しています

断捨離している最中に、リビングにあった夫のモノの位置を少し移動させたところ、激怒されてしまいました。「自分のモノは自分で管理するから！」と言いますが、普段は散らかし放題。さらには私が体調を崩していても休日にはひとりで遊びに出かける始末。こんな夫を断捨離したいと真剣に考えていますが、どう思われますか？

これまでに、こういったご質問やご相談をどれだけ承ってきたことでしょう。住まいの片づけは、一緒に生活する家族との歩調が一致すれば愉しいものに、しなければかえって虚しい作業になってしまいます。

住空間をクリアにしていくこと、そしてその空間をともにする家族との関係をクリアにしていくこと。このふたつが同時進行していく断捨離では、人それぞれのモノへの所有意識や価値観などの違いを突きつけられます。そのため、家族に理解されずに孤独感にさいなまれることもあります。

あなたは、捨てることを強要したつもりはまったくなかったから、ご主人の思わぬ抵抗に驚いています。「何もそこまで気分を害することでもないだろうに、住まいをキレイにしようとしている私の、一体どこがいけなかったの？」と。

ここで私はこう感じました。**ご主人の強い抵抗姿勢は、今までの夫婦関係で積もり積もったものが、噴き出した結果なのではないか？**　と。そうでなければ位置を少し移動させただけで、これほどの抵抗を示す理由は見つかりません。

あなたには、ご主人がなぜこれほどまでに気分を害したのか、その理由と真意を理解しようとする姿勢が必要です。そして言うまでもなく、この「理解しようとする姿勢」とは、ご主人に同意して従えという意味ではありません。それでは、あなたが萎《しぼ》んでしまいますから。

断捨離は、今まで見て見ないふりをしていた住まいの有り様を、きっちりと見つめていくことから始まります。それからおざなりにしていたモノ、放置していたモノに始末をつけていきます。そうやってモノとの関係を問い直し、住空間から淀《よど》みを追い出していく。それと同時に、その住空間に横たわっていた家族との関係を見据え直していくのです。それはとてもきついことでもありますね。

どうかご主人の思わぬ抵抗をしっかりと受け止めて、これを機会にご夫婦の関係の「今」を見つめていただければと思います。

また、「こんな夫を断捨離したいと真剣に考えています」とのことですが、ここでひとつだけ注意があります。断捨離は、人との「関係」を断捨離するのであって、「人」を断捨離するのではありません。

この質問文だけで分かる事実は、あなたの夫は「あなたの期待通りではない」、これだけです。ならば、夫があなたの期待通りになれば、あなたは夫との関係を断捨離しないのか。それとも夫には、あなたの期待通りの夫に変わる余地がまったく見出せないのか。もっと言うならば、夫に期待することすら諦めているくらい絶望しているのか。あなたの気持ちは、どれに当てはまるのでしょうか。

つまり、あなたが抱いているのは、あなたの期待通りではない夫との関係を断捨離したいという「願望」なのか、それともあなたが絶望している夫との関係を断捨離するという希望ある「決断」なのか。

もし、今のあなたの中にあるのが「願望」ならば、ここで私が何を言っても、断捨離に踏み切れない理由を無意識に探し出し、自分の前に並び立て、悩み続けることになるでしょう。なぜならば「願望」とは「したい」であって、「する」ではありません。つまり、「不平・不満・愚痴」であって、「決意表明」ではないのです。

一方で、希望ある「決断」をしているならば、悩んでいる時間はありません。それに向けた具体的な行動を起こすのみです。

焦点を当てるべきことは、あなたの期待通りではない夫に怒りを覚えているあなたが、「これからどう行動を起こしていくのか」。まだ答えが分からないならば、まずは「私」を主語とし、自分の本当の気持ちに焦点を合わせていくことから始めてみましょう。

まだ見ぬ孫のために
モノを取っておくのは「執着」？

先日、ひとり娘が嫁ぎました。まだ子宝には恵まれていないのですが、孫が生まれたら、娘が幼い時に遊んでいたおもちゃや絵本などでもう一度一緒に遊ぶ日を夢見て、どれも処分できません。現在は夫とのふたり暮らしのため、収納スペースはあるのですが、「これはモノへの執着なのかしら」と思うと罪悪感があります。

これから誕生するであろう孫に語りかけることを思い描いて、心躍らせているのはあなた自身。それを「モノへの執着」だなんて杓子定規に考えて、自分を責める必要はどこにもありません。お孫さんのために大切に取ってあるモノ、どうぞ今はそのまま取っておきましょうよ。だってそれは、**「孫のため」ではなく「ご自身のため」**なのだから。

現在はご主人とのふたり暮らしとのことですが、子どもが独立して長年一緒に暮らした家を出ていく時には、安心と同時にえも言われぬ淋しさを覚えるものです。私もひとり息子が進学した折は、家がすっかり「がらんどう」になったような気持ちになりました。「家とは、人がいてこそ家なのだ」とつくづく思ったものです。

今、あなたは懸命に務めていた母親業を卒業し、自分自身を生きるための入学準備中。言うなれば「春休み真っ只中」なのでしょう。卒業した淋しさと、入学する新たなライフステージへの不安が入り混じる、心許ない時期です。

孫のために取ってあるモノたちは、決してあなたを過去に縛りつけるモノではなく、子離れしようとしているあなたの淋しさを慰め、調整期間のお相手を務めてくれる大切な相棒。だから、慌てることも、自分を急かすこともありません。その淋しさと不安を存分に味わってこそ、これから進む道が少しずつ浮かび上がってくるのですから。

「孫のために取ってあるモノたち」の行く末は、自分の道を進み始めたその時に考えれば良いのです。何よりも今あなたが取り組むべきことは、判断に迷わない「どこからどう見てもゴミ」というものを断捨離すること。これを繰り返していけば、新たに進む道が自ずと目の前に展開してくるでしょう。

潔癖すぎる夫に困っています

数年くらい前から、夫が突然、潔癖になりました。車、洗面所、トイレ、自分の持ち物などの汚れを異常に気にして、四六時中掃除をしています。私もできるだけ家をキレイに保つように心がけていますが、仕事もしていてままなりません。物理的な問題なのか、精神的な問題なのか分からなくて悩んでいます。

ご夫婦のお悩みを頂戴しました。長い夫婦生活の中には、大きく分けて「結束を固めていく時期」と「結束をほどいていく時期」があるのでしょう。ふたりで家を作り、家族を育てていくというライフステージの次に待っているのは、お互いがゆるやかなつながりを持ちながら、それぞれの本性に立ち返っていくステージです。

これはどこまでも私の想像に過ぎませんが、あなたのご主人は自分の本性に立ち返るプロセスの真っ最中なのかもしれません。まだ慣れないその道程で思いあぐね、考えあぐね、もがいているのでしょう。これまでは家族という集団で歩き進んできた森の中を、これからはひとりで進んでいかなくてはならないのですから。

でもそれは、あなたも同じこと。だから夫婦ふたりとも戸惑いの中にいるのです。だとしたら、ときにあなたも「これから、どうしていきたいのか」「これから、どうありたいのか」を、自分自身に問いかけていく必要があります。そう、**ご主人のはかりかねる気持ちや行動に心を向ける以上に、自分自身の正直な気持ちを知っていく**のです。

「夫の満足と私の満足」も、「夫の充足と私の充足」も、ぴったり一致するなんてあり得ないこと。これまでの家族という単位では、子どもたちの存在というフィルターがあったおかげで、その違いをあまり目にしなくて済みました。けれど、これからはそうはいきません。

ここでひとつ覚えておいていただきたいのは、「住空間には限りがある」ということ。そして、その住空間には時間も流れています。この「生活時空間」を共有するのが、家族であり夫婦です。冷静に考えても、揉めない訳がありません。

だから今は、あえてあなたご自身の満足と充足に心を合わせていきましょうか。ご主人ではなく、自分自身のね。

言うまでもなく断捨離は、自分自身をねぎらい、もてなすためのもの。そして、自分自身の満足を取り戻すためのもの。誰かさんを満足させてあげるために、身を削ってするものではありません。

そしてすべてはプロセス。ご主人の今の潔癖症も今はそういう段階であって、決して固定したものではありません。その状態をただ望観すれば良いのです。

断捨離をする時、あなたはどんな顔をしていますか？　どうぞ、今はご自分のための断捨離を愉しんでくださいね。

今は遠回りに思えるかもしれませんが、実はこうすることこそが、ご主人の理解につながる一番の近道だと思うのです。

今日からできる断捨離習慣 No.5

とにかく拭く・いつも光らせる

習慣 2

空間の清潔度は健康にも直結する大切な要素。そのつど掃除を習慣にするには、まずは断捨離でモノを減らし、掃除しやすい空間をつくることもお忘れなく。

ついでの床掃除は
クリーンワイパーで
(髪の毛が落ちたらすぐに
掃除機がかけられるように
スタンバイ)

トイレを使ったら、
そのつどさっと
トイレシートで拭く

お風呂から上がる
時にはさっと水で流して、
排水溝と扉を
ペーパータオルで拭う

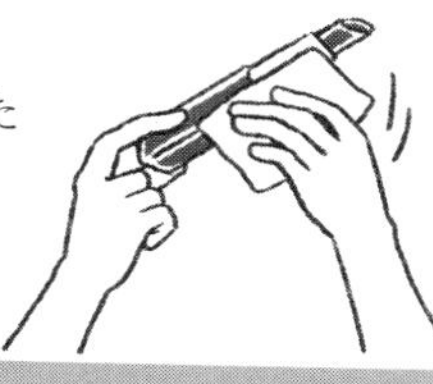

メイク中、使った
道具は戻す時に
軽く拭う

我が子をよその子と比べてしまいます

反抗期の息子に手を焼いています。中学校に入った頃から一気に反抗的になり、毎日親子喧嘩が絶えません。「ああ言えばこう言う」年頃だとは分かっているのですが、親子仲の良い家庭と比べて落ち込んでしまう自分がいます。こんな感情も、断捨離を通じて捨てることができるのでしょうか。

「こんな感情も、断捨離を通じて捨てることができるのでしょうか」とのことですが、あなたのご質問は断捨離の実践と大いに関係があります。なぜなら、**断捨離の大きな目的とは、「自分を縛る観念」や「自分を苦しめる思い込み」を手放していくこと**だから。そのために、身の回りの余計なモノたちを捨てていくことからスタートするのです。

まずは、このことを踏まえておきましょう。

私たちが「自分と人とを比べる」ことなんて当たり前！　人と自分を比べ「こうだったら良いのに」と「執着」するのも当たり前！　だから、悩む必要も、嘆く必要も、ましてや自分を責める必要もないのです。

それに、逆説めいた表現ですが、執着を捨てようとすることこそが「大執着」です。執着を捨てることに固執しているのですから。

断捨離の「離」は、執着が自然と離れていく状態を表します。つまり、意図的にゼロにしようということではないのです。

それよりも大事なことは、「今、私は自分と人とを比べて落ち込んでいるなぁ」と、俯瞰的に自分を捉えることですね。**自分が落ち込んでいることを、自分で認めてあげましょう。**

だって、落ち込んでいる時は、自分を認め、そばにいてくれる人がいるだけで、気持ちが楽になりますよね。そう、あなたの一番そばにいるのは、他ならぬあなた自身なのですから。

今でも私は、こんな風に自分を観ることがあります。「あらあら、ひでこさん、あの人に嫉妬しているんだね。そうか、でも無理もないわよ」と、完全なひとり芝居状態です。

どうせ自分でシナリオを書くのですから、何もわざわざ自分を責め立てる役を登場させる必要はありません。自分を味方につける演出をするのです。

そして次に大事なことは、「自分がどうありたいか」を常に意識することです。毎日を幸せに生きたいならば、「できる」「できない」に焦点を合わせるのではなく、「ありたい」状態に焦点を合わせましょう。

けれども、これには少しばかりトレーニングが要ります。

そのひとつが断捨離です。私も、実は断捨離を始めたばかりの頃は、このようなトレーニングをよくしたものです。「要らないモノを1個捨てられた！」「ならば、要らない感情も1個捨てられた！」と。捨てるという行動に、そんなイメージを貼り付けながら、繰り返し断捨離しました。

そして、あらかた要らないモノを捨て終わったら、今度はこんなイメージをしながらモノを取り込んでいきました。「ありたい自分は、きっとこんなモノを手にしているに違いない」と。

例えば、それまで使っていた粗品のマグカップを捨てて、少しばかりキュートでラブリーなマグカップを自分のために買い求めました。ああ、すっきりと片づいたテーブルで、そのお気に入りのマグカップで紅茶を飲み、和むというひと時の幸せ。

あなたのお悩み解決に役立つ体験であるかは分かりませんが、これだけは自信を持って言えるのです。**小さな不機嫌の種をひとつひとつ潰しながら、小さなごきげんの種を招き入れる断捨離を繰り返してきたからこそ、今のごきげんな私がある**のだと。

断捨離の「断」は、「断つことによって初めてありがたさが分かる」という意味です。断食や断水が分かりやすい例ですね。

次の「捨」は、執着や未練など、捨てられずに囚《とら》われているモノに気づきなさいということです。そして、この「断」と「捨」を繰り返しながら、それから「離」れていきましょうというのが、断捨離の哲学です。

私たちにとって、執着も未練も手放すのがとても難しい大きな課題。まるで高くそびえ立つ大きな山のようです。

だからこそ、日常の実践を積み重ねながら一歩一歩登って行くことが大切です。

私のモノを「ゴミ扱い」する夫が怖いです

妊娠を機に結婚して2年が経ちます。夫は昔から高圧的な面があり、私の持ち物に対して「そんなゴミ、捨てた方が良い」と批判してきます。そう言われるたびに腹だたしく、怖くもあり、やけくそでモノを処分してきました。毎日の暴言と暴力に、感覚が麻痺しているのかもしれません。こんな私でも断捨離で快適になれますか?

ご質問ありがとうございます。というより、思い切って質問してくださって本当に良かった。なぜならあなたの質問は、今まさに助けを求めている悲鳴のように届いたから。批判、暴力、暴言。もしもそれらを夫から日常的に受けているのであれば、これはもうDV(ドメスティックバイオレンス=家庭内暴力)と言うしかありません。

断捨離をして快適な空間を取り戻そうなんて、そんな悠長なことを言っている場合ではありません。**恐怖、悲しみ、苛立ち、自己卑下といった心理状態にありながら、心地良い状態であろうとするのは無理です。**

何より今は、ご自身の命を守らなくてはなりません。最優先しなくてはいけないのは、あなた自身の命なのですよ。

暴力や暴言が常態化し、恐怖にさいなまれる生活だなんて、そんなものは結婚生活ではありません。そんな生活と自分の命、どっちが大切なのか言うまでもないでしょう。思考の切り替えでどうにかなる問題ではないのです。

これ以上、感覚麻痺がひどくならないうちに、一刻も早く行動を起こすことです。その行動とは、**信頼できる身近な人に助けを求めること。周りの人に「助けて」と声を上げることです。**各都道府県には配偶者暴力の相談を受け付けるしかるべき機関もあります。

自分を卑下している人は、誰かに助けを求めるのを避けることがあります。なぜなら「自分は助けてもらうに値しない存在」という思い込みが、そこにあるからです。

さあ、勇気を出して！　大きな声で「助けて！」と言って！　そうやって今の恐怖感から「離れる」ことこそ、問題解決思考になる第一歩です。

「捨てたくない」VS「捨てたい」、男女の違いについて

自宅と実家の断捨離をする中で、モノを捨てることに対して男女間で意見が違うように感じています。母と私は「これは要らない」ときっぱり判断できるのですが、夫と父は「まだ使える」と何でも取っておきたがり、いつも対立するのです。これは単に性格が違うだけなのでしょうか？　また解決する方法はありますか？

いろいろな方のお話をうかがう中で、ダンシャリアンの妻とタメコミアンの夫といった、真反対タイプの夫婦の組み合わせはよく見受けられるように思います。さしずめ、夫婦版「ダンシャリアンVSタメコミアンの仁義なき戦い」といったところ。

ダンシャリアン同士、もしくはタメコミアン同士の夫婦であれば、その抗争はさして問

題もなく推移します。例えば、夫「あれ、どこへやった?」、妻「あれならもう捨てたけれど」、夫「ああ、そうか」で済むのがダンシャリアン同士の夫婦。また、妻「これ、どうしようか」、夫「別に取っておけばいいじゃない?」、妻「やっぱりそうよね」と、無理なく意見が一致するのがタメコミアン同士の夫婦。

けれど、両者が真逆となると、残念ながらこうはいきません。特に家事を一切しない夫の方がタメコミアンだと問題はとてつもなく厄介となり、「お前、あれを捨てただろう!?」「これも捨てるのか? もったいない!」と、いちいち妻の「捨て行為」にチェックを入れてくるものですから、妻のストレスは高じる一方。その結果、「家を維持管理している私に、『捨てる自由』がないなんて……」と、やり切れない怒りが溜まっていくのです。

けれどその一方で、妻に何でもかんでも捨てられてしまうタメコミアン夫も、たまったものではないのです。なぜなら、タメコミアン夫は「モノの所有」に価値を置いているのですから。

そう、ダンシャリアンVSタメコミアンの抗争は、実は性格や志向の違いでなく価値観の対立。「ダンシャリアンの活用価値」VS「タメコミアンの所有価値」なのです。つまり「活用できなくなったモノは必要がない」と考えるダンシャリアンと、「モノは所有していることとに意味がある」と考えるタメコミアンでは、まったく価値観が異なるということ。だから、「性格の不一致」といった短絡的な理解でもってこの対立を解消するのは、そもそも無理があるのです。

では、どうやって解決していきましょうか。争いの原因が価値観の違いであることを踏まえ、それを理解できたならば、少なくとも**相手の価値観を否定するよりは尊重していく姿勢を取った方が、より賢明で平和的に物事が推移していく**のは明らかです。

まずはこの残念で不毛な関係に終止符を打つために、ダンシャリアンはダンシャリアンで、タメコミアンはタメコミアンで、それぞれ自分とモノとの関係を問い直す必要があります。単に「捨てる」「捨てない」だけに執着していませんか。

その次に、お互いを尊重し、信頼し合える関係を築く努力をします。まず理解していただきたいのは、「住空間には限りがある」ということです。そして、その住空間には「時間」も流れています。この「生活時空間」を高い密度で共有するのが、夫婦であり家族。お互いが「空間を共有している」という感覚を持つことが大切です。

そしてもうひとつ、「男性と女性で溜め込みがちなモノが違う」ということも覚えておいてくださいね。

プライドを大事にする生き物である男性は、「自己重要感」を満たしてくれるモノ、「自分はすごい！」とアピールできるモノを溜め込みがちです。特に、かつての自分がビジネスの第一線でバリバリ働いていたという証拠品である本は男性が執着しがちなモノの代表格です。

一方で女性は、誰からも愛されたい生き物で、「承認欲求」を満たしてくれるモノを溜め込みがち。「素敵な奥さん」の象徴であるキッチン道具、「美意識の高い私」をアピールするための洋服、「自分は良き母である」という安心感を得られる子どもの図画工作の作品などは、女性にとって捨てるのが苦手なモノたちです。

要は、捨てるのにも男女で得意分野が違うというだけのこと。そう考えると夫婦はお互い様で、「またあの人は余計なモノを置いている」という気持ちが和らぎませんか？

断捨離をする目的は、家族が安らげる爽やかな空間を作ることであるはず。そこに向かって諦めずに続けていけば、お互いへの配慮や尊重も自然と生まれていくでしょう。

心の章

断捨離したいのに時間がありません

5年前に夫と離婚し、ひとりで4人の子どもを育てています。パートと副業と家事をこなすのに精一杯で、家は散らかり放題。しかし先日、長女に「家が汚くて帰りたくない」と言われたことがショックで断捨離を決意しました。でも時間はまったくと言っていいほどありません。この状況でもできる取り組みがあれば教えてください。

「忙しくて時間がない」「断捨離はまとまった休みが取れた時に、一気にやるもの」と思い込み、断捨離を足踏みしてしまう人はとても多いです。

しかし、果たしてそうでしょうか？

「まとまった時間がないと片づけなんてできない」と言う人ほど、溜め込んでいるモノの量が多く、空間も身体も新陳代謝が滞ってしまっている状態です。そんな冷え切った身体で一気にエンジンを全開にしようとしても、到底無理なこと。特に初心者は「不要品を一度に捨てて、あっという間に理想の空間に！」といった幻想を抱くがゆえ、膨大なものたちを前にしてただただ呆然としてしまうのです。

私は「何から片づけたらいいいですか？」と質問されたら、いつも「何からなんて考えている暇があったら、目の前のモノ！」とお答えします。なぜなら**断捨離は、「できる・できない」ではなく、「やるか・やらないか」**だから。そう、コップ1個でも良いのです。これなら、どんなに時間がない人であっても取り組めるはず。

私たちは足し算と引き算のセットで機能しています。足し算は簡単ですね、モノを買えばいいのですから。でも、引き算＝モノを捨てるのには意図と意志が必要。でもやったことがないから、最初はできる訳がないのです。だからこそ、「出す」というトレーニングが不可欠になってきます。

引き出し、冷蔵庫、トイレといった小さな空間からトレーニングを始めていけば、必ずやり方が身についていきます。そうして「やる」を重ねていけば、要・不要を判断する時間もスピードアップし、結果、効率的に作業ができるようになるのです。

また、空間がすっきりすると、モノを探したり取り出したりする手間も、収納に頭を悩ませることもなくなるので、自然と自由な時間が増えます。つまり「モノが減ると、時間が増える」ということ。そのためには、まず「まとまった時間がなければ断捨離できない」という思い込みを断捨離してくださいますように。

それはそうと、質問文を読んでいて一番気にかかったのは、あなたとご家族の関係です。娘さんのひと言で断捨離を決意されたそうですが、４人のお子さんとは心地良い関係を築けていますか?

一昔前まで「家事は妻や母親がやるもの」という役割分担意識が根強くありましたが、私はそうは思っていません。**家事とは、私たちが生きていくために最重要となる基礎行為であり、「自分の命のメンテナンス」。誰かのためにやるものでも、やらされるものでもない**のです。

これは断捨離にも当てはまります。家とは家族関係の写し。そして、家とは家族が心地良く暮らすために、みんなで創り上げるもの。だからこそ、あなたひとりが何もかも抱え込み、悩み苦しむ必要などどこにもありません。

家庭を持つ女性の「この家がモノであふれ返ってしまったのは私のせい」「だから私がど

うにかしなければいけない」という思い込みは、つまり「責任」の抱え込みです。そしてその背後には、「妻として、母として家事をおろそかにしている」「だから、こんな自分を助けてくれる人は誰もいない」といった「後ろめたさ」と「自己肯定感の低さ」が潜んでいるケースがとても多いのです。

もしあなたにも身に覚えがあるならば、まずはその思い込みという制限を外し、お子さんたちにSOSを出しましょうよ。「ひとりでは難しいから、どうか手伝って」と、素直に助けを求めるのです。それが無理なら、友人・知人でも構いません。とにかく、**これ以上ひとりで抱え込まないで欲しい**のです。

誰にとっても、時間と空間は平等にあります。だからこそ、その時間と空間を使いこなす術《すべ》をいかに身につけているかが大切になってきます。

過剰にモノを溜め込み、やらなければいけないことを大量に抱え込んでいては、時間と空間を活かせません。それは家庭という場においても同じこと。「時間がない」と悩んでいる人こそ、片づけや家事を「面倒で大変なこと」にしている、あらゆる思い込みを断捨離することですね。

「悲劇のヒロイン」から卒業したいです

明るい未来を切り開きたくて断捨離を始めました。その過程で気づいたのですが、私は「何をやってもうまくいかない可哀想な自分」を美化し、無意識に肯定しながら生きているところがあるようです。断捨離を通じて「悲劇のヒロイン」体質から卒業するには、どうすれば良いのでしょうか。

刷り込まれた自己憐憫《れんびん》というのも、断捨離の対象です。ただし、これはモノではなく形のない「思い」であり、あるのは部屋の中でなく「心の中」ですよね。けれど、それがどこにあろうとも、形があろうとなかろうと、今のあなたが「不要・不適・不快」と感じている点では同じこと。だからご相談くださったのでしょう。

断捨離では「家の中のモノ」と「心の中の思い」を決して分けては考えません。あなたが心の中の「可哀想な自分」を断捨離したいと思い、考えているのならば、その象徴とも言える家中のガラクタたちを断捨離していけば良いのです。

つまり、あなたが心の中を「幸福な私」で満たしたいと思い、考えているならば、その象徴とも言えるお気に入りのモノたちで家中を満たしましょうよ。心の中の問題を心の中に封じ込めたまま、ひとりで何とかしようと思っても、堂々巡りするばかりでかえって苦しくなってしまうでしょう。だから断捨離は、余計なモノを「捨てる行動」で問題解決へと向かっていくのです。

あなたの部屋の中は、あなたの心の中。あなたにとっての余計なモノは、あなたにとっての余計な思い。こう考えてくださいね。

部屋の中の余計な「モノの山」を切り崩す行動は、心の中の余計な「思いの塊」を砕いていくことにつながります。そして、部屋の中の不要なモノのカケラを捨てる行動は、心の中の不要な思いのカケラを追い出すことにつながります。

このままでいるか、行動に移すかはあなた自身が決めてくださいね。行動を起こしたならば、もう「可哀想な自分」にしがみつくことはありません。

捨てるといつもあとで後悔してしまいます

断捨離をすると、あとから必ず「あれはどこやったっけ？」と探すことになり、「捨てちゃったんだ、どうしよう！」とひどく後悔します。その時は不要だと思ったはずなのに、何かが間違っているのでしょうか？　後悔しない方法と、捨てて後悔してしまった時にどう気持ちを切り替えれば良いかもお聞きしたいです。

私たちの人生に後悔はつきもの。ですから「**後悔しない捨て方**」**なんてものはない**のです。「後悔がない」とは、表があって裏がない「紙」のようなもの。そんな紙など存在しませんね。

私もどれだけ「あれ、シマッタ！　捨ててしまった！」という経験をしたか、数え切れません。そんな「シマッタ！」を重ねながら、「捨て方を模索」してきました。そして、自分で「捨て方を洗練」させてきたのです。

それよりも、あなたが考察すべきことは「後悔＝失敗」を恐れるあなた自身の気持ちの方です。後悔をなくす。そんな無理難題とも言える思考は、一体どこから来るのでしょう。「後悔しない捨て方」を求めるのも、「捨てて後悔した時の気持ちの切り替え方」を求めるのも、あなた自身があなたの未来を信頼していないからかもしれません。だから、私はあなたにこう申し上げたいと思います。「どうぞ、捨てて困る経験をしてください」と。

なぜなら、**そんな経験を通してこそ「大丈夫、それでも何とかできるし、何とかなる！」という、自分への信頼を育んでいくことができる**のですから。

そして、後悔してしまった時はこれです。笑い飛ばす！　笑い飛ばすことで「またやってしまった私」を慈しんであげてくださいね。

人間は後悔ばかりする生き物です。だから、「後悔しない生き方」なんてものはまやかしに過ぎず、そんなものに惑わされてはいけません。過去が後悔だらけだったからこそ、現在が後悔でいっぱいだからこそ、未来も後悔にまみれるだろうからこそ、「どうにでもなれ！」と飛び込んでいく。これぞ人生の醍醐味なのです。

飽きっぽい私でも断捨離を続けられますか?

子どもの頃から片づけが大の苦手です。それに加えてすぐに飽きてしまう性質で、習い事も趣味も続いたためしがありません。断捨離も始めてみたはいいものの、タンスの引き出しを一段片づけた時点で「もういいや」と思ってしまい、そこから先に進んでいません。こんな私でも継続して断捨離できるコツがあれば教えてください。

断捨離に限らず、私たちはすぐに何かを継続させる「**コツ**」を知りたがります。コツさえ摑めば、やりたくないことでも何とか続けられるはず。私はこの現象のことを「コツ症候群」と呼んでいます。

確かに私もコツは知りたいです。けれど、やはり**コツとは知るものではなく「摑む」も**

の。トライ&エラーを繰り返しながら、そのプロセスで自分が発見し、身につけていくものです。

そして何よりも、私は**断捨離の継続にコツがあるとは思っていない**のです。なぜなら断捨離とは、テクニックではなく「思考・感覚・感性」の集合体。言わば「行動する理念・行動する哲学」だから。理念や哲学にはコツなどあるはずもなく、ただただ探求があるだけです。

なので、少し視点を変えて、私たちが物事を継続する時にはどんな状態なのかを考えてみましょうか。私はこのふたつが挙げられると思います。

ひとつ目は、それを「面白い」と感じている。

そうですよね、私たちは面白いと感じている時、「どうやって続けようか」なんてことは考えもしません。面白いから、愉しいから、自然とせずにはいられない。疲れも知らずに夢中になって取り組んでしまうものです。

ふたつ目は、それをすると「気持ちが良い」と感じることができる。

例えば、歯磨きや入浴です。食後に歯を磨けばすっきりしますし、磨かなければ気持ちが悪い。つまり、私たちは日常的に「不快」から「快」への転換を行っているのです。

あなたにとって断捨離は、愉しくないもの、面白くないものだから続かないのです。幼少期から片づけが苦手とのことですが、もしかするとあなたの中で「片づけ」=「できない」=「叱られる」というパターンができ上がってしまっているのかもしれません。そうだとしたら、断捨離は違いますよ。とっても面白いもののはず。しかも、やればやるほどその面白さにハマり、もっともっと愉しくなってきます。

例えば「ダイエットと美容のため」とデトックスを行い、老廃物をたくさん出したからといって、継続させなければすぐに不健康な身体に戻ってしまうのは明らかです。断捨離もこれと同じ。モノを捨てました、はい終わり！ といった類《たぐ》いの片づけ術ではないのです。

断捨離はあなたにとって、毎日お風呂に入るのと同じこと。入浴の継続にコツなどという考えはありませんよね。あら、もしかしてお風呂に入るのも面倒と感じていますか？ それならば余計に、毎日ひとつでも良いですから余計なモノを断捨離する習慣をつけて、その気持ち良さを味わってみてください。きっとやめられなくなりますよ。

選び抜く・飾る

習慣 1

私にとって収納棚は、モノをしまうのではなく「ディスプレイ」する空間。日用品のストックなども取り出しやすく、しまいやすく、使いやすく。結果ムダな買い物が減ります。

食品庫は
セレクトショップ
仕様で商品を
陳列するイメージで

食器棚は
一枚の絵として
眺める（粗品や
プラスチック製品は
置かない）

食材は冷蔵庫に
入れる前に、
透明の袋や小瓶に
入れ替えて残量を
分かりやすく

調味料は
パッケージを
外してから
並べる

トイレットペーパーや
ガス缶などパックに
なっているものは、
買ってきたらすぐ
パッケージから出して
1つずつに

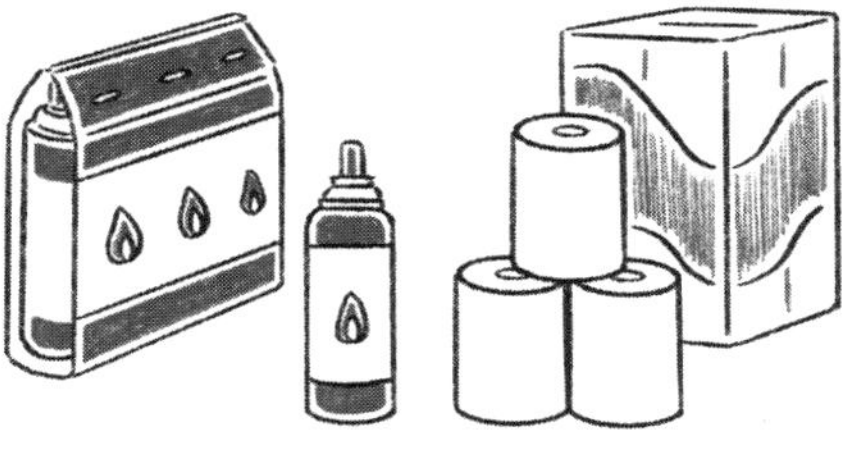

捨てたいのに「念のため」と思って捨てられません

昔から街でもらったティッシュ、コンビニでもらうフォークや割り箸、お店の紙袋など、いろいろなものをつい「念のため取っておこう」と溜め込んでしまいます。その根底には「捨ててしまったあとに失敗や後悔をしたくない」という不安があるのかもしれません。この思考って変えられますか?

一見きれいに片づいているように見える家でも、収納扉を開けるとものすごい量のモノが詰まっていることがほとんど。なかでもお惣菜と一緒についてきた割り箸や使い捨てのスプーン、おしぼりなど「今は使わないけど、いつか使うかもしれないモノ」が猛然としまわれているのは、よくあるパターンです。

私たちは誰でも、「念のため」という思考を持っています。なぜなら、この「念のため」は、何が起こるか分からない未来のために備えておこうとする本能のようなものですから。未来に対して、希望よりも不安の方が先行するのは「人間の性《さが》」とも言えるかもしれません。だから、その不安を何とかしたくて「念のため、念のため」と余計なモノやコトをいっぱい抱え込んでしまうのです。大抵の人はこの「念のため＝不安」という図式に気づかないまま、モノを溜め込む生活を送っているのですが、気づいたからには何とかしたいですよね。

けれど、これまた厄介なことに「何とかしたい」と思いつつも、「見なかったことにして、このまま放置しておきたい」という心理も同時に併せ持つのが私たち。人には「慣れ親しんだモノを好む」という傾向があるため、悩んでいる状態に快感を覚えている場合もあるのです。もちろん、本人にその自覚はありません。

ですから、改めてもう一度、ご自身に問いかけてみましょう。**「あなたは、ご自身の『念のため思考』を断捨離したいですか？」**と。

この答えが「いいえ」であれば、私が何を言っても、あなたは「だって」「でも」という言い訳を繰り返すことになるでしょう。そんな時は、ご自身の「念のため思考」を責めるのではなく、笑い飛ばすに限ります！　つまり、思考を捨てようと躍起になるのではなく、「あら、私またやってるわ」と俯瞰し、そんな自分を受け入れていくのです。そうすれば、思考はそのままでも笑顔でいられる時間は増えますよね。捨てがたい思考の癖は、笑いながら見守ってあげるのが一番の得策だと私は思うのです。

反対に、「はい」と答えたあなたがすべきことは、ただひとつ。「念のため思考を捨てる」と「決心する」だけ。それで解決します。「本当に捨てられるかしら」などと、思いを巡らす必要はありません。

捨てるということは、自分とモノとの関係性を取り戻すために「自分と向き合う」ことでもあります。まずは戸棚を開け放ち、引き出しを外し、溜め込んだ中身を全部取り出しましょう。そして、「将来的に使うかどうかを問い直すこともなく、詰め込まれただけの大量のモノたち＝自分の中にある不安」と向き合ってみてください。**「今の自分」に必要ですか？**

必要でないならば、そのモノたちは今のあなたと関係が結ばれていないということです。それらを手放すことで、あなたの心も変化することでしょう。

捨てられるモノと捨てられないモノの差が激しいです

服やバッグは惜しみなく捨てられるのに、それ以外のモノがまったく捨てられません。無理に捨てようとすると体調が悪くなるなど拒否反応が出てしまい、自分でも戸惑いを感じています。断捨離した時のあの爽快感をもっと味わいたいのですが、どうしたら次のステップに進めるのでしょうか？　アドバイスをお願いいたします。

なぜあなたが服やバッグは断捨離できるのに、それ以外のモノはできないのか。せっかくご質問をいただいたのに、他者の見えない心を見通すような力を持たない私は、その理由についてお答えすることは叶いません。

けれど断捨離の視点から、はっきり申し上げられることがあります。それは、断捨離は

「できる、できない」ではなく、「する、しない」であるということ。

つまり、「服とバッグは捨てられた！」という実感は、服とバッグを断捨離したからこそ得られたものであり、「それ以外のモノが捨てられない」という実感は、それ以外のモノを断捨離していないから得られた実感です。**要は「した結果」と「しない結果」の実感がそこにあるだけのこと。**そうは思いませんか。

学校の勉強でも、得意科目と不得意科目、そのどちらでもない中間科目の3種類がありますね。断捨離もそれと同じです。人それぞれに捨てやすいモノと捨てにくいモノがあるだけのことなのですから、いちいち「なぜ得意なのか」「なぜ不得意なのか」と原因探しをする必要はありません。

服とバッグの断捨離は、あなたにとっての得意科目だったからこそはかどり、「捨てられた」という達成感も得られたのでしょう。けれど、不得意科目であったなら、はかどる・はかどらない以前にやる気が起こらないのも当たり前。そして、やらないのだから結果が出ないのも当たり前です。

それでも私は思うのです。たとえ不得意科目であっても、何とか結果を出したいと考えているならば、ひとつずつ地道にやっていけばいいだけのこと。

スピードは亀の歩みのごとくであったとしても、目指すゴールがまだまだ遠くに霞んでいても、周りの人がどんどん先に進んでいるとしても、そんなことはまったく関係ないのです。

行動に移した分だけできた。移さなかった分だけできなかった。事実はいたってシンプルです。「どうしたら次のステップに進めるのでしょうか？」というあなたへの回答は、ただひとつ。

断捨離は行動が先。断捨離は思考があと。

そして、断捨離は加点法であることもお忘れなく。服やバッグは断捨離できた自分を、そして結果はまだ出ていないけれど、それ以外のモノの断捨離にも取り組もうとしている自分を、どうぞ褒めてあげてくださいね。

断捨離は、モノ以外にも当てはまりますか？

部屋の断捨離を実行に移してみたら、なんだか心がすっきりしました。なかでも、処分に悩んでいた昔の恋人からの指輪を捨てたことで、ずっと心の片隅にあった「あの時こうしておけば良かった」「こんなはずじゃなかった」という想いまで始末できた気がします。断捨離には、モノを最適化する以外の効果もあるのでしょうか。

ずっと始末するのを迷っていたというその指輪は、あなたにとって「かつて自分が愛されていた」という証拠品。未練が残るのも致し方ないことです。そしてその「未練」には、悲しみ、怒り、後悔など、さまざまな感情がくっついていたことでしょう。

これらの想いは、あなたにとってとても重たいものだったのですね。その証拠に、思い切ってその証拠品を始末したことで、想いという「重し」も取り去られ、晴れやかな気持ちになったのでしょう。

これからどんなにすばらしい恋愛をしたとしても、過去に想いが留まっていたならば、明るい未来を描くことは難しいでしょう。そんな時は断捨離するに限ります。断捨離は、いつだって行動が先。心にわだかまりがある時は、気持ちを断ち切ってから捨てるのではなく、「捨てることで気持ちを断ち切る」のです。捨て方は、可燃ゴミと不燃ゴミの袋を用意し、問答無用でどちらかに放り込むだけ。

断捨離の初心者は、「モノ」「ココロ」「コト」「ヒト」を分けて考え、まずはモノを「捨てる」、それが終わったらココロを「片づける」、その次にコトを「やめる」、そして最後にヒトと「別れる」という風に、段階を踏んで進んでいくと誤解しがちです。しかし、これは大きな間違いです。断捨離は、モノと向き合って自分にとってそれが「要・適・快」なのかを考え、決断していく行動療法です。そして、そのモノは「見える形」と「見えない想い」がセットになって成り立っているのです。

ですから、「モノに貼りついた重たい〝未練〟は、今の自分にとって不要である」と意識しながら捨てていけば、モノとココロはより強く連動します。未練が重ければ重いほど、その証拠品であるモノを手放すことでココロが軽くなっていくのを実感できるでしょう。

つまり、**行動としてはモノを捨てていくだけですが、ココロ・コト・ヒトに関しても同時進行で「余計な執着心」を手放していける**のです。

このプロセスは、センサー＝内在智を磨くトレーニングでもあります。身体のセンサーが正常に機能していると、身体の欲するものと適切な量が分かります。しかし心身のどちらかに不調があると、このセンサーは正しく機能しません。そんな状態でモノやコトを選択し続けると、やがて行き詰まり、身動きができなくなります。断捨離は、このセンサーの感度を研ぎ澄ませるためのトレーニングでもあるのです。

そして、断捨離は加点法。それがどんなに小さな一歩であったとしても、すぐに元通りの有り様になってしまったとしても、着実に進歩していることをお忘れなく。そう、まるで螺旋階段を一段一段上るかのごとく、元に戻ったかのように見えて、立体的に見るとちゃんと上昇しているのですから。

さあ、あなたの「断捨離には、モノを最適化する以外の効果もあるのでしょうか」というご質問の答えは見つかったでしょうか。これからも外的な情報に頼らずに、自分の身体と心の声を聞きながら、断捨離に励んでいただきたいと思います。

「情報断捨離」の方法を教えてください

ネットで情報収集するのが習慣になっています。しかし、新型コロナウイルスに関する情報を手当たり次第集めていたところ、かえって不安が募り、体調を崩してしまいました。健康のために情報をシャットアウトしたいのですが、ついついスマホを触ってしまいます。こんな私でも情報を断捨離できる方法があれば教えてください。

24時間３６５日、モノと同じくらい情報があふれている現代において、さまざまなニュースにまみれている私たち。このような状況では、自分の思考、感覚、感性を正常に保つのが難しいのは当然です。ましてや、目に入る情報すべてを鵜呑《うの》みにしていたならば、適切な判断力を機能させることなど無理。だから、それらを断つ時間を持つことはとても重要なことです。

私たちは、日々降りかかる大量の情報にめまいを起こしそうになっている一方で、何かにせき立てられるように情報を追い求めています。では、なぜ私たちは「もっと多く、もっと早く、もっと新しいものを」と欲するのでしょう。

それは、モノと同じく情報にも「不安」がつきまとっているからです。例えば「知っておかないと恥ずかしい思いをするかもしれない」「知らなかったことで損をするのはいやだ」「どうせタダなんだから知っておこう」などなど。

私たちは、そんないじましい不安に追い立てられて、休みなく走り続けるように新しい情報を追い求めているのです。そして、一旦手に入れた情報は「別にかさばる訳でもないから」と、頭の片隅にずっと置いておく。それはまるで、情報というブロックを自分の意識の周囲に高く積み上げ、自分を守るための砦《とりで》を築いているかのようです。

確かに「知らない」という状態は不安ですし、知っていたことで得をすることもあるでしょう。しかしそれと同時に、人生において本当に価値のあることを犠牲にしているのかもしれません。その証拠に、あなたは不安のせいで健康を害してしまっている。これでは、なんのために情報を取り入れているのか分かりませんよね。

現代において、常に情報は垂れ流されています。ですから、まずは自分にとって「不要・不適・不快」な情報の流入をシャットアウトする「断」から始めるのです。もちろん、向こうから勝手に飛び込んでくる情報もたくさんありますが、基本的には自分でインプットをコントロールできるものが大半のはず。まずは最低でも24時間、テレビ、ラジオ、インターネット、携帯、スマホ、本、雑誌、新聞などを遠ざけ、まったく見ないようにするということです。

その次に、知らず知らずのうちに溜め込んでしまった「今・ここ・自分」にとって「不要・不適・不快」な情報を追放する「捨」に取りかかりましょう。自分にとって役立たない情報や、むやみに不安・恐怖をあおられる情報は、記憶に留めておく必要などありません。この断行と捨行を繰り返すうちに、自分自身のことが分かり、俯瞰的に自分や周囲の物事を見る力が養われます。

この新陳代謝が意識できるようになった時に初めて、自分自身に必要な情報を必要に応じて手に入れ、それと同時に自分らしいアウトプットもできる「離」の状態に達します。

ここで一番大切なのは、**あくまでも自分の価値観に基づいて、主体的に情報を取り入れる**ことです。モノと比べて情報の断捨離が難しいのは、意識していない間に私たちの脳に入り込んでくるから。だからこそ受け身ではなく「自分の意思で摑みとっていく」必要があるのです。

最後に、もうひとつ申し上げておきたいこと。それは、**時と場合によっては、自分のところにやってきた情報を自分のところで留めて「断つ」という姿勢も必要である**ということです。信憑性に欠けると判断したならば、ポジティブなものであろうとネガティブなものであろうと、他者に伝えることを控えること。ひとりひとりが防波堤となれたならば、トイレットペーパーの買い占めもフェイクニュースの垂れ流しも、起こることはないでしょう。

まずは「断」から始めて、「自分はこれほど無意識・無自覚に情報と接していたのか」と気づくことです。そして自分自身が違和感や疑問を持ったならば、その感覚に素直になり、その疑問を放置することなく解消するための情報を探しにいくのです。

自分の人生の主役は「自分」。知らず知らずのうちに、「誰かの思い込み」に頭のてっぺんから足のつま先までどっぷり浸かっていた、なんてことになりませんように。

今日からできる 断捨離習慣 No.7

選び抜く・飾る

習慣❷

ただ捨てるのではなく、自分にふさわしいモノを選び抜くのが断捨離です。続ければ美意識が磨かれ、何気ない身の回りのモノもお気に入りに生まれ変わります。

靴は靴箱1段にゆとりをもって置ける数まで

クローゼットは着たい服だけゆったり並べる

メイク道具は道具を使う順に並べ、ストックは奥に

リモコンや電池などのストックは場所を決めて一元管理

大嫌いな掃除を好きになりたいです

断捨離に出会ってから、モノだらけだった我が家も以前より快適な空間へと生まれ変わりました。でも、掃除はどうしても好きになれません。日々の掃除はもちろん、年末の大掃除の時期になると「やらなきゃ」「でもやりたくない」という気持ちがせめぎ合って、やる前から疲れてしまいます。こんな私でも掃除好きになれますか？

汚れた空間で疲れ、その状況を改善できない自分を責めることでまた疲れ切る。まるでいじめ空間にいるようですね。まずは自分を追い込むことを「断」していきましょう。不要になったモノを捨て、苦手な掃除をしていくことは、あなた自身をいじめから解放していくためのプロセスであると思って。

掃除とは、自分のためにするものです。掃除された空間は、何より自分が気持ち良いものですから。それと同時に、空間とモノのためにすることでもあります。

日頃お世話になって汚れた空間とモノたちを、より快適な状態にしてあげるために、感謝しながら「掃く・拭く・磨く」。そう、年末の大掃除とは空間とモノたちへの「ありがとう」と「ごめんなさい」なのです。

でも**理想は、年末の大掃除をしなくてもすむこと。**つまり、空間やモノに対して「ごめんなさい」の状況を作らないことです。そのために、私の掃除はもっぱら「そのつど方式」です。普段からマメに掃除していれば、大掃除の時に知識と体力を動員して汚れ落としをする必要も、使わずに済むはずの化学薬品に頼ることもありません。台所も洗面所もトイレも、使ったらペーパータオルやクリーナーでさっと拭く。身体についたアカを落とす感覚で、汚れもそのつどその場で落とす。たったこれだけです。

ここで**大切なのは、いつでも気軽に掃除できるような空間を作っておくこと**です。モノが散らばった床も、不要品が山積みになったテーブルも、さっと拭くのは無理ですから。洗うのに手間がかかる三角コーナーはすぐに捨てられるポリ袋に替える、掃除の邪魔になるトイレマットや便座マットは置かないなど、創意が肝心です。

お金に余裕がない不安から、モノが捨てられません

数年前に新居を購入しました。その際、長期ローンを組んだので、前ほど気軽にモノを買うことができなくなってしまいました。それ以来、今は必要のないモノでも「いつか使うかも」と心配で、なかなか捨てられません。モノを置くスペースが広くなったことで気が緩んでいることもあると思います。これって良くないですよね……。

念願の新居に引っ越したばかりなのに、すでに物置状態の部屋もあるほどモノがあふれているというお宅は少なくありません。特に住宅ローンを組んだ場合、あなたのように「生活に困らないか」「滞りなく返済できるのか」といった経済的不安を抱えるケースも多く、その不安がモノへの執着心をかきたてます。

しかしながら、ここでもう一度考えて欲しいのです。あなたがなかなか捨てられないと悩んでいる「今は必要ないけど、いつか使うかもしれないモノ」たちは、あなたが抱えている経済的な不安を本当に和らげてくれるものですか？

今の自分にとって必要がなくなったモノたち、相応しくなくなってしまったモノたち、そして心が浮きたたなくなってしまったモノたちは、どんなに大切に取っておいても「現金」に戻ることはありません。リサイクルショップなどを利用して売るにしても、時間や手間という「コスト」がかかります。また、片づけと称して押し入れの奥にずっとしまい込み続けることの徒労感、不全感も計り知れません。

あなたは、家族が心地良く暮らすために家を購入したのではないですか？　だったらなおのこと、今不要なモノは潔く始末すればいいのです。**モノを選び抜く基準は、使うのが楽しくて、自分を生かしてくれるかどうか。決して「いつか使うかも」や「捨てるのがもったいない」ではありません。**

新居という希望に満ちた空間を、今必要のないモノ＝不安の証拠品で埋め尽くすということは、まさしく、心も余計な不安で埋め尽くすことに他なりません。不安の証拠品であるモノたちは、不安を癒やしてくれるどころか、まるでブースターのようになってさらに私たちの不安を増殖させます。

目の前のモノを惜しむ気持ちの大きさは、これから先への見通し、いわば未来に希望を持っているかいないかで、随分と違ってきます。つまり私たちは、未来への展望や希望がないと、当然ながら現状のモノを抱え込もうとします。「これから先、必要になったらいつでも手に入る」と思っていれば、あえて今不要なモノたちを溜め込んでおくことはしないはずですから。

「いつか使うかも」という言葉は曲者《くせもの》で、一見「確かにそうかもしれない」という気にさせられます。けれど裏を返せば、「いつか」という未来に、そのモノが手に入らないという予想、つまり「手に入れられない自分」を想定しているからこそ出てくる言葉なのです。

成功哲学の提唱者のひとりであるナポレオン・ヒルの言葉に、「思考は現実化する」という、とても示唆に富んだ名言があります。まだ見ぬ未来を明るく描くのも、暗く描くのも私たち次第。ならば**「必要なモノは必要な時に、必要な分だけ手に入れられる」という希望思考で生きていきませんか。**

私たちの中にある希望を大きくしていくには、不安の証拠品である余計なモノの量を小さくしていく行動、そう、断捨離の実践が効果的に機能してくれるはずですよ。

捨てられたのに、
また同じモノを買い戻してしまいます

いざ処分したあとになると「やっぱりあれはあった方が良かったなぁ」と恋しい気持ちになり、再び同じようなモノを買い求めてしまいます。本当は自分に必要だったモノなのに捨ててしまったからなのか、それともモノに執着しているからなのか。自分でも理由が分からず、断捨離が一時中断しています。

私たちの気持ちは、常にコロコロと変わってしまうもの、厄介ですね。一度は不要だと手放したモノを再び買い求めてしまうなんて、ムダで不合理としか言いようがないですが、こんな面倒な行動を起こしてしまうのも、誰しもが持つ性《さが》なのでしょう。

だって、ムダがなく合理的なモノだけなんて、何とも味気なくつまらないとは思いませんか？　そんな人間も、生活も、人生も。なので、私があなたにおすすめすることは、まずこれ。

笑い飛ばす！　「またこんなことやっちゃったわ、私。あっはっは！」。これだけで良いんです。

こんな不合理な出来事の理由を追究しても、余計な自責を課してしまうだけ。原因探しや犯人探しは、本当に求める問題の解決を遠ざけてしまうものです。事実、あなたの断捨離がストップしてしまっているのですから。さあ、今こそもう一度、あなたが今まで断捨離に勤《いそ》しんでいた理由を思い出してみてくださいね。

そして、私たちの心の中にはこんな深層心理があることも知っておきましょう。私たちはどこまでも「捨てる」ということが苦手。というより、**本当は「捨てたくない」**のです。

実は、この私だってそう。「何とかしてこれを取っておけないか」と考えを巡らせていることなど、いくらでもあります。でも、断捨離の価値や有効性、機能性をたくさん経験し、味わっているからこそ、「あえて捨てる」「あえて手放す」のです。

もしかすると、私たちは無意識に「捨ててしまうという失敗」をしでかして、「ほら、やっぱり捨てない方が良かったでしょう！」と自分で自分に言い聞かせているのかもしれませんね。

捨てた後悔で心がいっぱいになるように、私たちの心の奥に潜むもうひとりの「捨てたくない自分」が自作自演の演技をして、ついうっかり大切なモノや必要なモノを捨てるように仕向けるというひとり芝居です。

捨てたい自分VS捨てたくない自分というせめぎ合いの中に、いつもいる私たち。そして、「捨てたくない自分」の方が圧倒的な勢力を誇っています。だから、余計なモノにまみれながら暮らしている人がこんなに多く、余計なモノを捨てて快適に暮らしている人がこんなにも少ないのでしょう。

だからこそ、私たちは断捨離というトレーニングを繰り返す必要があるのです。「捨てたくない自分」から抜け出して、人生を成功に導くために。**何度失敗しても大丈夫。明るく笑い飛ばして、また前に進みましょう。**

くたびれた普段着ばかり着てしまいます

断捨離をしていく中で「この服はまだ着られるから普段着にしよう」と思って取り置いていたところ、気づけば日常的に着ているのは着られるけれど大好きではない、くたびれたどうでもいい服ばかりです。このままではいけない気がするのですが、先生は家でくつろぐ時や掃除の時に何を着ていらっしゃいますか？

ご質問を読んでいると、あなたの中には「くたびれた服ばかり着てしまう自分」を非難している、もうひとりの自分がいるようですね。他者を意識した状態にある「外の自分」と、他者を意識しなくても良い状態にある「内の自分」。この両者の間にあるギャップを自分に許していないような、そんな葛藤を感じました。

よく「仕事は仕事、プライベートはプライベート」と分けている人もいますが、表と裏できっちり分けるなんて本来なら難しいはず。なぜなら自分はひとりだけなのですから。例えば、社会的地位のあるビジネスパーソンで「仕事はできるのに汚部屋に住んでいます」という人も少なくありません。彼らの中には、「汚い部屋に住んでいる自分」と「キラキラバリバリ働く自分」のふたりがいることになります。そのギャップが大きければ大きいほど、苦しみも深くなります。

さあ、改めて考えてみましょうか。**その部屋着は、あなたを快適にしてくれますか？そして、これからのあなたはどんな装いで日々を送りたいですか？**

かく言う私も、昔は黒と白のものが定番で、家ではジャージーでもまったく平気だったものです。けれど、断捨離に出会ってからは「普段着こそ、自分が和むための服を選びたい」と、自分のお気に入りを厳選するようになりました。

くたびれてきたらお役御免とし、洗濯してから捨てています。私の中では服へのねぎらいが、「ご苦労様、ありがとう」という言葉ではなく洗濯という行動になっているようです。

もちろん、お掃除の時もやる気が湧くいでたちで、そう、「いざ、出陣！」。どうぞ、あなたもその時々での装いを、存分に愉しまれますように。

買取価格が安過ぎるリサイクルショップに怒っています

先日、初めてリサイクルショップに不要品を持ち込みました。「高額買取」を売りにしている店だったので期待していたのですが、結果はなんと定価の1割以下！　あまりの安さに驚くと同時に「買い叩かれた！」という怒りが湧き、今も気持ちが収まりません。こんなことなら売らずにゴミに出した方が良かったのでしょうか？

環境保全の面から、確かにリサイクルは大切なことです。しかしながらリメイクしたり、オークションに出品したり、フリーマーケットで売ってみたりと、その方法は多種多様。手間も時間もエネルギーも必要ですし、そのことによってストレスを抱え込んでしまう可能性も高いです。

まだ使えるモノで他の人が必要としているなら、ぜひとも送り届けたいところですが、初心者にとってはとてもハードルの高い行動であることを、まずは理解しておかなくてはなりません。

さて、あなたがリサイクルショップに持ち込んだのは、自分にとってかつて価値があったモノであり、今もこのくらいは価値があるはずだと思っているモノ。しかも、それを思い切って売ろうと決意したのですから、評価があまりに低いと落胆するのも仕方がないこと。いえ、落胆どころか怒りさえ湧いてきます。

これは、私にも経験があります。そう、断捨離を自分ひとりでコツコツとやっていた25年ほど前のことです。ある日、でき始めたばかりの大型古着ショップに洋服を持ち込みました。売って幾ばくかのお金を得たかったというよりは、まだ着ようと思えば着られる服(でも、もう自分は着たくない服)が、どこかにいる誰かのところで間に合えばいいな、という気持ちがあったからです。

ところが、そんな気持ちであったにもかかわらず、想定していた買取価格から大きくかけ離れた査定価格にしばし愕然《がくぜん》。購入時の価格が5万円のスーツだとすると、なんとなく期待した買取価格は1割程度の5千円。でも、リサイクル店舗の査定価格は、なんと50円だったのです。元値の0・1%……。それでもこれはまだましな方で、なかには「ウエス（雑巾）の材料にしかなりません」と言われ、重さ1キロ＝10円で引き取られたものもありました。

その時、私は「買い叩かれた」という思いではなく、自分の期待の甘さと大きさに、胸がムカムカと疼《うず》いたものです。そして、「こんないやな気持ちを味わうくらいなら、もう売るのは一切やめよう」「私の周りの欲しいと言ってくださる友人に貰《もら》ってもらおう」、さらに「引き取り手のない服たちは自分で始末、つまりゴミとして成仏させよう」と決めました。以来、私の洋服の断捨離はこの方式のみです。

さて、この経験で私が学んだのはこれ。**「売ろうとした服の期待価格＝私の感情価格」であり、「買取側の査定価格＝現在の市場価格」である**ということ。だから、個人的な感情を持つ私と、そのモノに何の思い入れもないスタッフの間で価値判断が大きく乖離《かいり》するのは、当然のことなのです。

要するに、始末をつけなくてはならないのは「モノに込めた私の感情」であって、モノそのものではなかったのです。そして、自分の感情は自分で始末をつけなくてはなりません。

そう、買取業者は買い叩いた訳ではなく、ただ商業活動をしただけのこと。そして私がもっと申し上げたいのは、今こそあなたは「買い叩かれた」という怒りを、存分に味わう必要があるということです。そう、「私、買い叩かれたと思っているんだ」「それで怒っているんだ」という風に。

そうやって、**今の自分の気持ちを俯瞰し、認めてあげること。このプロセスを踏んでこそ、あなたの感情が癒えていく**のです。

逆に言えば、このプロセスを踏まずに自分の感情を制御しようとするのは、とても難しいと言えるでしょう。どんな感情も、認めてもらいたくて必死にあがいているのです。だからこそ、認めてもらえば大人しくなってくれます。

湧いてきた感情は、ポジティブなものであれネガティブなものであれ、何とかして収めようとするのではなく、まずは自分が承認してあげること。これこそが、「感情の断捨離」のプロセスです。

夢を諦めたのに
教材を処分できません

弁護士になる夢を叶えるべく、司法試験合格を目指していましたが、諸事情で諦めました。でも、もう必要がなくなった教材類を捨てると「何もない人」になってしまいそうで、処分する勇気が出ません。でも、それらを見るたびに「あんなに頑張ったのに」という自責も感じて辛いです。前を向くためにはどうすべきなのでしょうか。

質問を見る限り、あなたはすでにご自分で答えを用意されているように感じました。あとは誰かのお墨付きさえあれば……といったところですね。

あなたと苦楽をともにした教材たち。そこには思い入れもあることでしょう。しかし、それを抱え込んでいても過去は変わることはありません。それを持ち続けたとしても未来に機能することはありません。そんなことは私が言うまでもなく、あなたが一番承知しておられますよね。

それらの教材たちを捨てた時に「自分は何もない人」だと思うのは、あなた自身。そんな「恐怖」を抱えているのも、あなた自身。そう、すべてあなた自身が自分に強いていること。言わば自作自演のストーリーです。

ならば、**その負担を取り除くのも、あなた自身です。**シナリオを書き換えていかなくてはなりません。それができるのは誰でもない、あなただけなのですから。だから、今ここで私が「捨てなさい」と連呼し、指示しても何の意味も持たないのです。

けれど、あえて申し上げるならば、関係が終わったモノや機能していないモノを捨てることは、頑張った過去の自分を否定することではありません。**捨てることは、残念な過去の出来事に始末をつけ、頑張ったのに結果につながらなかった自分を責め続けることから「卒業する儀式」**なのです。

自分の過去を責めることほど、時間とエネルギーをムダ遣いすることはありません。そして、夢や願いの「残骸」を持ち続けることは、決して必要なことではありません。むしろ、その「残骸」たちが、今のあなたからたくさんの夢や願いを奪っているかもしれないですよ。

振り返ってみれば、私自身が人生の暗いトンネルを抜け出したのも、無自覚に押し入れに詰め込んであった各種の教材一式を思い切って捨てた、まさにその時。そこから自分ひとりでコツコツと、断捨離を始めたのです。

当時の私は夫の両親と同居し、夫の仕事を手伝いながら子育てに懸命だった日々。「やりたいことはこれではない」という想いがありながらも、これというものは見つからず、もし見つかったとしても果たして家業との両立ができるのか、未来に対して希望よりも不安を感じていました。世間的にはスロースターターでしたが今の私があるのはあの時一歩踏み出したから。そう、もっと自分のやりたいことにフォーカスした、自分の人生を生きるために。

まずは、なぜあなたがそれらの教材たちを取っておこうとするのかを、もっともっとあなた自身に尋ねてあげることから始めてみてください。きっと答えが見つかるはずですよ。

今日からできる断捨離習慣 No.8

〝専用〟をつくらない

習慣 ❶

お客様をもてなすがごとく、自分や家族をもてなすのが断捨離の基本的な発想です。普段使いするモノも選びぬいて。

旅行用の化粧品を持たない、区別せずに普段のものを使う

器は来客用と家族用に分けず、いつもお気に入りを使う

傘は折り畳み1本だけ

喪服は持たない

洗剤は用途別にせず、厳選して多用

言い訳めいたごほうび買いをしない（欲しいものは欲しい時に買う）

「捨て過ぎているのでは？」と心配になってきました

断捨離を始めて1年が経ち、家の中がかなりすっきりしてきました。そうすると今度は、「もしかして、自分はモノを捨て過ぎているのでは？」という不安が拭えません。不要だから捨てているはずなのに、最近では「いつか後悔するのでは」「地球を汚しているのでは」という考えが頭をよぎり、作業が進まず困っています。

あふれ返るモノを前にして「捨てられない」と悩み、捨てたら捨てたで「捨て過ぎではないか」と悩む。私たちはどこまでも悩み続ける存在ですね。

私たちの人生に悩みはつきもの。もちろん、私も例外ではありません。けれど、**悩みとは「問題解決に向かってエネルギーを注《つ》ぎ込む」ものであって、「悩むこと自体にエネル**

ギーを注ぎ込む」ものではないはずです。そうは思いませんか？

私たちの悩みのほとんどは、自分が無意識に抱え込んでいる価値観や観念と、身の回りの状況との不一致から生まれます。例えば、子どもが不登校になった時、「学校には必ず行くべきだ」という価値観や観念を持った母親であれば、学校に行けない子どもの存在は大きな悩みの種となり、躍起になって学校に行かせようとするでしょう。けれど、もしも子どもが行きたがらない理由が、学校でのいじめや暴力にあったとしたら？ 不登校は、自分の命を守るための当然の行動であるはずです。

これと同じく、あなたが「捨て過ぎているのでは」と不安になってしまうのは、あなたの価値観や観念と、目の前の現状とが「食い違っている」からなのです。

それならば、「捨て過ぎているかも」と思う理由づけや「あとになって後悔するかも」と思う理由づけ、「地球を汚している」と思う理由づけに、あなたのどんな価値観や観念が関係しているのか。これを検証・考察する必要があります。

例えば「捨て過ぎているかも」という思考は、未来を思い描いてのものですが、捨てるべきだったのか、はたまた捨て過ぎだったかは、その時になってみなければ確かめようがありません。それなのに、「まだ起きていないことをネガティブに想定し、心配してしまう」という「思考の癖」を持つ人はとても多いのです。

「一寸先は闇」と言いますが、「見えない状態」を闇と表現しているだけであって、望み通りの世界が待っているのか、それとも不運に見舞われるのかは誰にも分かるはずがありません。それならば、ポジティブに想定するのもネガティブに想定するのも、個人の自由です。なのに、多くの人はその自由を放棄して、最悪の結末ばかりを思い描いてしまう。まさに思考の癖のなせる業です。

次に「地球を汚してしまっているかも」という考えですが、ここには「家の中にあればモノ、家の外に出せばゴミ」という前提条件があります。けれど、地球の上から見たらどうでしょう？　そこでの違いは、モノが家の中にあるのか、外にあるのかというだけのことです。

置き場所をどこに変えても、あなたにとって不要・不適・不快になってしまったモノは「ゴミ」に他なりません。それを放置しているのは、つまり便利なゴミ置き場を家の中に作っているようなもの。ただ、そこにはいつまで待ってもゴミ収集車はやってきません。それならば、責任を持って自分で始末せざるを得ないのです。

人間が生まれた時点で死に向かっているのと同じように、この世にあるモノは生産された時点でゴミへと向かっている運命にあるのです。私たちはその間を切りとって関係を築き、モノを活かしているだけ。だから、心から地球の心配をするのであれば、流通の下流にいる私たちが価値あるモノを選び抜き、より良い生産を促すことで生産の在り方から変えていかねばならないのです。

さあ、あなたを縛りつけている価値観や観念に気づいたら、私から最後の質問です。

「**あなたは、不安とともに悩み続ける人生を送りたいですか？　それとも、不安があっても悩み続けることのない人生を送りたいですか？**」。

もしも悩み続けない人生をお望みならば、今の自分にとって必要ではないモノを取り除いていくことが大切です。なぜなら、それらはあなたにとっての「不安の証拠品」なのですから。目の前からなくなってしまえば、そのモノを拠り所にして「捨てると後悔するかもしれない」などと思いを巡らせることもなくなります。

けれど、何より意識しなければいけないことは、自分の人生にたくさんの制限をかけている「思考の癖」を手放していくこと。断捨離はそのための行為、実践、メソッドなのです。

頑張った過去の記録（スケジュール帳）が処分できません

私の本棚には、過去10年分のスケジュール帳がずらりと並んでいます。不要なのですが、びっしり予定が書かれたそれらを見返すと「あの時の私、頑張ってたな」と再確認できるのです。それと同時に「こんなにも頑張ってきたのに、何の成果も残せていない」という虚しさも感じて苦しいです。捨てるべきでしょうか？

ご自身のスケジュールを書き込んだ過去10年分の手帳やカレンダーたち。捨てるに忍びないと思うならば、取っておけば良いだけのことです。私がこう回答したとしたら、あなたはどんな気持ちになるでしょう。

「なんだ、取っておけば良いんだ」と気持ちが楽になるのか。それとも「でもやっぱり捨てないと……」と悶々とし続けるのか。もしもあなたの気持ちが後者であるならば、なんとかして始末をつけたいと思っているのでしょう。けれど実はこれ、どちらでも良いのです。あなたの問題は〝そこにない〟のですから。

自分なりに頑張ってきたはずなのに、思うような自己実現ができていない。そして、その現状に虚しさを感じている。ではそもそも、あなたの「自己実現」とは一体どのようなものなのか。何がどうなればあなた自身納得できるのか、明確に言語化できますか？

私は思うのです。**「自己実現」などという漠然とした言葉にしがみつき、人生を振り回されてはならない**と。そんなぼんやりとした目標と現状を比べて、自分で自分を蔑《さげす》んでいるとしたら、とても残念でもったいないことです。

さあ、もう一度考えてみましょう。あなたの望みは何ですか？　あなたの願いは何ですか？

もしかしたら、他人から「こんなに努力して、あなたはすごいね！」と認められたいのかもしれないし、はたまたご家族から「これまでいろいろと頑張ってきてくれたね。いつもありがとう」とねぎらってもらいたいのかもしれません。

それはそうと、質問文の「こんなにも頑張ってきたのに、何の成果も残せていない」という一文。あなたは自分で自分を「価値がない人間だ」と否定し、無価値感・無力感にさいなまれているようですね。心がマイナスでは、他者からどんなに褒められても「マイナスの掛け算」になってしまい、プラスになるどころか、マイナスの値が膨らんでいくことになりかねません。

だからあなたの場合は、**手帳を捨てる・捨てないということにこだわるのではなく、「自分は価値ある人間だ」と思えるような環境を作り、行動を起こしていくということの方が先**だと思うのです。

断捨離とは、「要る」「要らない」と選別するプロセスを辿《たど》る中で主体的な感覚・感性をよみがえらせ、自分の正直な思いを尊重していく行動です。だから、続けていけば必ず自信が回復しますし、自己肯定感が高まります。

さあ、もう一度、「何のためにモノを捨てるのか」と自分に問いかけてみてください。捨てることは手段であって、目的ではありません。あなたの目的は「幸せになること」「自分で自分を価値ある人間だと認められること」のはず。

それならば、捨てる際の基準を「今の私の幸せを損なうモノなのかどうか」「今の私の幸せを応援するモノなのかどうか」に変える必要があります。そう考えると、あなたにとっての過去のスケジュール帳は、今の自分を否定するモノ。つまり、「自分を否定する空間づくり」のアイテムでしかないのです。

このようなアイテムは、「自分を否定し続ける、見えない・聞こえないノイズ」を発しています。その中で生活するのは、毎日いじめを受けているのと同じ。元気なんて出るはずがありません。

人は、心のこもったおもてなしを受けた時、「自分は価値ある存在なんだ」と実感します。想像してみてください。「今夜はこちらでおくつろぎください」と通された場所が、旅館の一番良い部屋か、はたまたモノがあふれ返った物置か。こう考えると違いは歴然ですね。

断捨離で作り上げた空間・環境は、あなたをねぎらい、もてなし、応援してくれるはず。あなたを否定するアイテムを始末して、空間がすっきり生まれ変わったら、次はプラスの掛け算のはじまりです。

「家の中は、あなたの頭の中そのもの」。これをどうぞ、お忘れなく。

「世界にひとつだけのモノ」が捨てられません

趣味で描いた絵や夫と交際中にもらった手紙といった「世界にひとつだけのモノ」だけは、どうしても捨てることができません。もう不要だと思うモノもあるのですが、「捨てたらもう手に入らない」「思い出まで一緒に捨ててしまうかも」と思うと、躊躇する心が湧いてきます。この気持ちとどう向き合えば良いでしょうか？

このような質問を頂戴すると思うのです。みなさん、なぜ捨てようとするのだろうかと。世界にひとつだけのモノと感じているのであれば、どこに捨てる必要があるのでしょう。唯一無二のモノはそれらしく、大切に扱えば良いだけの話です。なぜなら、「捨てないことも断捨離」だから。断捨離とは、自分にとって大切なモノを選び抜く決断の作業。今の自分にとって不要・不適・不快なモノを取り除く行為を繰り返しながら、選択・決断能力を高めていくのです。

ところが、どういう訳かあなたは「捨てたいのに捨てられない」と思いあぐねている。「思い出まで一緒に捨ててしまうかも」という一文を見ると、どうも「過去に目を向ける」思考を検証する必要があるようですね。

大抵の場合、**目の前にあるモノではなく「過去」に意識が向いてしまうのは、「現在の自分」に不全感を感じているから**です。「こんなはずではなかった」という不全感は、思い描く未来もセピア色に染めてしまうもの。その結果、「あの時は良かった……」と過去ばかり振り返る思考に陥ってしまうのです。

もちろん、あなたがそうだという訳ではありません。ご質問の文章だけですべてを計り知ることはできないからです。けれど私は、ご質問から次のように感じてしまいました。「世界にひとつだけの」存在だと自分のことを思いたい、と。「世界にひとつだけの」存在だと誰かに思って欲しい、と。それならば、これから未来に向かって新しく創り上げていけば良いじゃありませんか。「世界にひとつだけのモノ」も「世界にひとりだけの私」も過去だけにある訳ではないのですから。

どうしても自分の人生を愛せません

50代の独身男性です。これまでずっと仕事一筋で生きてきましたが、それと同時に虚しさも感じていました。最近やっと趣味を見つけ、それなりに充実してきましたが、異性とお付き合いしても長く続かず「自分は幸せな家庭を築けなかった」という不全感を感じます。「あの時こうしていれば」という過去への後悔も捨てられません。

自分の人生を振り返った時、誰であれ私たちはこんな思いに囚われます。「私の人生、こんなはずではなかった」「私の人生なんて、所詮こんなもの」。独身であれ既婚であれ、年齢がどうであれ、性別がどうであれ。「不全感」と「諦め」の間を行ったり来たりするのが、私たち人間の習い性です。

「悔いのない人生」などというものはお題目に過ぎず、それぞれが「悔い」を抱えながら生きている。そう考えると、私たちは何とも切ない存在です。

だとしたら、まず踏まえておかなくてはいけないのが、後悔や不全感を払拭することなど、そもそも無理な話だということ。後悔も不全感も、払拭しようとすればするほど、かえってしがみついてくるものだということを頭に置いておきましょうか。

そう、誰だってまだそこに居たいのに追い払われたとしたら、抵抗するのは当たり前。むしろバリケードを築いて、もっと頑なにそこに居座り続けることでしょう。それは、感情も同じこと。

ならば、優しく認めてあげましょうよ。「そうか、あなたはこんなことに後悔を抱えているのね」「こんなことにも不全感を感じているのね」「それはそうよ、無理もないね」と。

自分で自分と対話するのです。

こんな風に、自分の感情を認めてあげることこそ、癒やしの第一歩。後悔も不全感もネガティブな感情だからといって否定するのではなく、その存在を許してあげるのです。その上で、ご自身の気持ちの交通整理をしていかなければなりません。

今、あなたの心に負担をかけている事実は何でしょう。仕事、金銭、恋愛・結婚……。

どれも頭を悩ます問題ではあるけれど、質問文を見る限り、独身でいることにかなりのプレッシャーを感じているようですね。この社会には、「結婚してこそ一人前」といった根拠のない思い込みが蔓延しています。けれど、その後の結婚生活に不全感を抱えている人たちが、どれほどいることか。それどころか不幸で残念な結婚が至るところに数多く存在しています。

「結婚＝安全・安心・安定＝幸せ」という図式こそ、まったく心許ないこと。だからあなたのその不全感も、思い込みに過ぎませんよね。それでもやはり、人生のパートナーがいてくれたなら心強いのは確か。かといって、なにも結婚という契約関係に固執する必要はありません。

ならば、人との出逢いが育めるような環境づくりと自分づくりに励んでみませんか。余計なモノは手放して、あなたの住まいを「ウェルカム」空間へと生まれ変わらせるのです。

いつでも誰でも、「ようこそ」と招き入れられる空間を、自分で創り上げていく行動こそ、あなたを元気づけ、癒やしてくれるはず。そして、そんな空間で過ごすあなたに、出逢いの神様はきっと微笑みかけてくれるはずですよ。

モノがなくなったら心にぽっかり穴が空いてしまいました

断捨離に目覚め、かなりの不要品を始末しました。だけど家の中は相変わらず家族のモノだらけです。減ったのは「私のモノだけ」ということに気づいてから虚しさを感じ、「この家には私のモノも、居場所もない」と心にぽっかり穴が空いた気分になってしまいました。夫に話しても「自分は興味がない」と取り合ってもくれません。

本来ならば安全で心安らぐ空間であるはずの家に、自分の居場所がないこと。これほど辛く淋しいことはありませんよね。それはよく分かります。なぜならこの私も、ずっとずっとあなたと同じだったから。

断捨離とは片づけでも整理整頓でもなく、自分自身の快適な居場所づくり。つまり断捨離とは、私自身の「居場所探し」であり「居場所づくり」の物語だったとも言えるのです。

ここまで「自分の居場所がない」と申し上げてきましたが、これを正確に表現すると「自分の居場所がない」と感じている「自分」がいる、ということになります。ならば、なぜ自分がそう感じているのか、そう思っているのか、そう考えているのか、よくよく自分に問いかけていく必要があります。

ところで、「居場所」とはどんなものなのでしょう。物理的な場所と考えると「空間＝身体の居場所」であり、心理的な場所とすると「心＝気持ちの居場所」となります。そう、私たちにはこの両方が必要ですね。

その人の心の在り方によって、どんなにゆとりのある広い家に住んでいても自分の居場所とは思えないこともあれば、逆に狭い部屋を「自分の城」と感じることもあります。また、整然と片づいていることでかえって落ち着かない気持ちになることもあれば、ごちゃごちゃとした空間にほんわりとした温もりを感じることもあるでしょう。

私は、こう思うのです。確かにあなたの「身体の居場所」はとても確保しづらい状況にあるのでしょう。それでも余計だったモノたちを断捨離して、懸命に取り戻そうとされている。でも、あなたはそのプロセスで気づいてしまった。自分には「気持ちの居場所」がないことに。

つまり、あなたはご主人の無理解がとても悲しくて淋しい。それが、あなたの心の穴。その穴を、これまであなたはモノで埋めてきたのでしょう。だから今、断捨離によって再び浮かび上がってきたのです。

今のあなたが感じているのは、モノでずっと隠してきた「正直な気持ち」。もうこれ以上、隠してはいられないのです。つまり、あなた自身がそれを素直に認め、受け入れなくてはならない段階に来ているということ。

「自分は興味がない」と問題を先送りにし、解決を試みようとしない夫との関係。あなたが気持ちの居場所を取り戻し、そして新たに創り上げていくには、これを踏まえる勇気と覚悟が必要です。そう、あなた自身がこの問題から逃げることをおしまいにしなくてはなりません。

争いは、誰だって避けて通りたいもの。だから私たちは現実から目をそらし、「このまやり過ごすために、何かいい方法はないだろうか」と思いを巡らせます。しかし、それでは一向に解決しません。

本来の夫婦の関係とは、半分は「癒やし」であり、半分は「戦い」。この二極を行ったり来たりしながら、互いの「テリトリー」のバランスを保っていくものなのです。

あなたが気持ちの居場所を作るために必要なのは、諦めでも話し合いでもなく「戦い」です。何年かかっても構いません。あなたにとって快適な空間をクリエイトするために、ご主人と真っ向勝負するのです。

かく言う私も、かつて姑とせめぎ合いの経験の持ち主。善人だけど、とにかく「世間体軸」の姑は、本音でぶつかり合っている最中でも「この怒鳴り声がご近所に聞こえるのではないか」と他人の目ばかり気にするような人でした。

そんな価値観の違いに悩み、ストレスを抱え込みながら生活していたある日、私は白血球が減少する病気を発症。髪の毛は抜け、体重が10kg近く減るというありさま。「このままでは、あまりにも自分が不憫だ」と気づいた私は、再び姑と対峙し、その結果、義父母との同居を解消することに。あの時、本気でぶつかっていなければ、今も私はあの家で苦しみながら姑の介護に追われていたことでしょう。

今のあなたは、自分にとっての「要・適・快」を見つめ直す断捨離によってモノを絞り込んでいくうちに、今まで輪郭がぼやけていた「自分にとって本当に大切なもの」が見えてきた段階です。この調子で断捨離のトレーニングを繰り返していけば、さらに「自分が分かる」「自分を好きになる」、つまり「自分軸」が構築されていくでしょう。そうして自分を奮い立たせたら、勇気を出して本気でご主人と向かい合ってみませんか。

どうしたってうまくいかない人に対して「どうにかしてうまくやらなきゃ」と固執するのは、未練があるからに他なりません。この未練を断ち切るためには、戦うことを恐れないこと。お互いが年老いてしまってから「こんなはずじゃなかった」と後悔するよりは、さっさと真っ向勝負を繰り広げて、お互いの人間性を理解した方が傷口も浅く済むというものです。

どうかあなたも、機能不全を起こしている「不要・不適・不快」な関係と決別し、お互いを認め合い、そして高め合えるような関係性を築く第一歩を踏み出してくださいますように。

「怒り」って断捨離できますか？

不要なモノは潔く捨てられる私が、どうしても捨てられないモノ。それは「怒り」です。この感情が自分自身にとって良くないことは分かっているのですが、相手の言葉や態度に対して反射的に湧いて来るので、止めることができません。怒りを生じさせない心構えがあれば教えてください。

「怒りを生じさせない心構え」をご質問いただきましたが、それに対して私がお答えできるのは、これだけです。「ありません」。

残念ながら、「喜・怒・哀・楽」はセット商品。もしも「怒り」が生じないならば、「喜び」の感情も味わうことができないでしょう。誰かを「好き」という感情が自然であるのと同じように、誰かを「嫌い」と感じるのもまた自然なことなのです。

私たちはネガティブな感情を否定しがち。持ってはいけない感情、堪えなければいけない感情と見なします。特に「怒り」に対しては、子どもの頃からそのように教えられてきました。

けれど、はたして本当にそうでしょうか？　白状すれば、私など怒りの塊。いつも怒っていると言っても良いくらいです。それと同時に「こんなことがあって良いはずがない！」という怒りの感情は、行動を促すエネルギーの源ともなっています。

あなたはどんな時に怒りの感情が湧きますか？　なぜこんな質問をするのかというと、私はこう思うのです。自分の意思とは関係なく湧いてしまう怒りを抑えようと、不自然なコントロールを自分に強いる前に、「どんな時に怒りが湧いてくるのか」というパターンを俯瞰することが重要なのでは、と。

あなたは「相手の言葉や態度に対して反射的に湧いて来る」と言っておられますが、その前段階をぜひ考察して欲しいのです。

実は、私たちの怒りは「相手が自分の期待通りの反応を示さなかった時」に湧きます。自分の期待と相手の反応との差が大きければ、その分だけ怒りのパワーが大きくなるでしょう。また、その差を味わう時間が長ければ、その分だけ溜め込んだ怒りの量が多くなり、容量オーバーを起こします。その結果、小さな食い違いであってもすぐに爆発してしまう。あなたは「慢性的な容量オーバー」なのかもしれません。

さあ、考えてみてください。あなたは家族に、職場の人に、友人にどんなことを期待しているのでしょう。誰に対して「こうあるべき」だと期待しているのでしょう。

すべて、あなただけの価値観に基づいたこと。しかも、あなたが「こうあるべき」を投げかければ投げかけるほど、相手は反発し、あなたの期待からかけ離れた言葉や態度を返してきます。なぜなら、相手には相手なりの価値観があるのですから。

もしも今、あなたが相手に投げかけた「こうあるべき」と、相手が持つ「こうあるべき」との違いが見えてきたとしたら、こんな風に考えてみませんか。「自分はこう考えているけれど、相手はそう考えているのね」と。そこにあるのは「怒り」ではなく「受容」です。

感情を封じ込める対策を練るよりも、湧いて来る状況を少なくしていく。そんな断捨離的な視点で、あなたの「こうあるべき」という価値観を引き算していただければと思います。

今日からできる 断捨離習慣 No.9

"専用"をつくらない

習慣 2

一見「あると便利」なモノは、実は「なくても困らない」モノであることも。思いきって始末すれば維持管理の手間も減り、身も心も軽くなります。

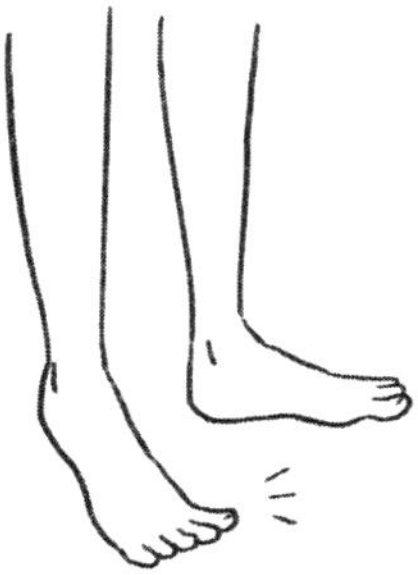

家の中ではいつも裸足。
スリッパに履き替えない

トイレスリッパや
マットを持たない

トイレブラシを
持たず、使い古しの
食器用スポンジを
使い、捨てる

スポンジは
食器用の1種類だけ
（くたびれたら
掃除に使う）

バスタオルは
持たない。
フェイスタオル
2枚で充分

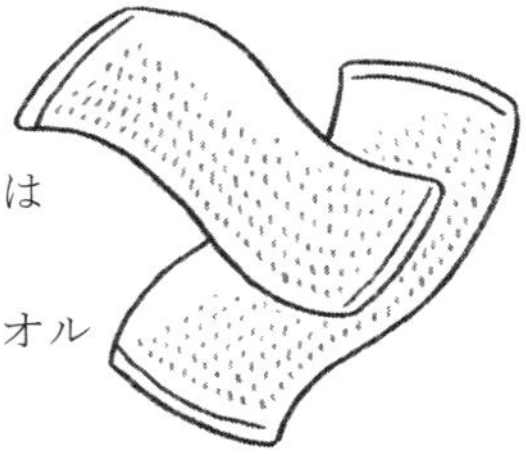

どこから手をつければいいの？
考えるとやる気が出ません

モノだらけの部屋を断捨離したいのですが、どこから始めれば良いのか分からず、今ひとつやる気が出ません。毎日のように「今日こそは帰ったらチャレンジしてみよう」と決心するも、仕事から帰宅すると疲れて気持ちが萎《な》えてしまい、「やっぱり明日から」と自分に言い訳して、結局何もしないままベッドにもぐりこんでしまいます。

モノが散らかり放題の部屋を片づけたいという気持ちでいる。それなのに、身体は弱っていて体力も気力も湧いてこない。そんな状態のようですね。

これ、実は「空間の問題」なのです。つまり、あなたの部屋そのものが病んでいる。

そして、その病んだ住空間にいるあなた自身の身体も、すっかり弱ってしまっています。

そんな弱り切った身体で頭ばかりをフル回転させて、「どこからやろう」「どんな順番で進めよう」などと考えても、身体が応じてくれる訳もありません。

今、あなたに必要なのは「看護」なのです。つまり、現状ではひとりで断捨離に取り組もうとすること自体が無理なこと。体力を必要とするところは、人の助けを借りることも視野に入れてみてはいかがでしょう。

そして、**何よりも気をつけていただきたいのが「焦らない」こと。**病気から回復するには時間が必要なことを踏まえなくてはいけません。

まずは「今の自分は、抱えている物事が多過ぎるんだ」という認識に立ち返りましょう。そして、やることを一旦制限して、目の前の小さなポイントから断捨離を進めていくようにしましょう。

焦っても焦らなくても、結果は同じ。モノがひとつ減れば、ひとつ分だけ空間の病いが回復していく。その回復にしたがって、自分を回復していく。それにしたがって、断捨離のスピードは上がってきますので、今は、ゆっくりと取り組んでみてください。トイレ、冷蔵庫、靴箱など、小さなスペースから手をつけると要・不要の判断がつきやすく、達成感も得られやすいはずですよ。

集中力が続かず、何もかも中途半端です

何事も途中でやる気がなくなってしまうのが悩みです。掃除機をかけていても、スマホが目に入るとつい手を止めてSNSを見てしまうなど、何をしても中途半端です。断捨離も同じで、あっちこっち手をつけるばかりで、どこも最後まで終わっていません。どうしたら物事を最後まできちんとやり遂げられるようになりますか?

あなたの質問を読ませていただき、私もどれだけのことを中途半端にしてきたのだろうかと思い返しました。いえ、白状すれば今でも中途半端なことはいっぱいあります。

でも、私はこう思うのです。**私たちのすることに、完遂も完璧もない**のだと。

そして、またこうも思うのです。目標に向かってコツコツと積み上げていくタイプの人

もいれば、あちらこちらに手を出しながら最後に帳尻を合わせるタイプの人もいる。はたまた、一心不乱に取り組む人もいれば、休み休み取り組む人もいる。飽きずにひとつのことに邁進する人もいれば、好奇心の赴くままにたくさんのことを少しずつ同時に味わう人もいる。要するに、**人にはそれぞれのタイプがある**のです。

だからまずは、自分のタイプを知ることが肝心。知った上で、そんな自分を受け入れていけば良いのです。人と比べてがっかりしては自分を責めて、うんざりと持て余す必要はありません。

それにしても、片づけほど、一体誰のために、何のためにするのか、それを見失ってしまうものはないですね。断捨離は第一に、今の自分にとって余計なモノを取り除いていくことが大切です。それは何より自分を軽やかにしていく行為であり、自分をねぎらい、もてなしていく行為です。

自分で起こす、自分のための、「余計なモノ・コト・ヒトを取り除く」営み。自分で起こす、自分のための、「大切なモノ・コト・ヒトを取り戻す」営み。断捨離を、いわゆる「片づけ」ではなく、そんな風に理解していただけたならば、きっと愉しみながら日々続けていきたくなるはずです。

禁煙できないのが悩みです

断捨離で住まいが快適になるにつれ、自分で吸っている煙草の煙がやけに気になるようになってきました。禁煙外来に通ってやめられていた時期もありましたが、現在ではすっかり元のヘビースモーカーです。

「しなくちゃ」と自分を追い込み、けれどできない自分を「これではダメだ」とさらに責め立てる。そんなところが、禁煙と片づけはよく似ています。

ようやく禁煙に成功した知人の編集者によると、禁煙して一番良かったことは「二度と『禁煙しなくちゃ』と思わなくても良くなった」ことだとか。禁煙しろと自分を責め立て、その上、禁煙しない自分をまた責め立て……。そんな二重の罪悪感から解放されたことが、一番の効用だったそうです。

私は煙草を嗜《たしな》まないので、正直なところ愛煙家の気持ちは分かりません。けれど、愛煙家と聞くといつも決まって、私の尊敬するふたりの師の姿が心に浮かんでくるのです。

おひとりは、伝説のヨガマスターである沖正弘導師。そしてもうおひとりは、現在師事している武道家の三枝龍生師。おふたりとも、こよなく煙草を愛する方で、それはそれは美味しそうにゆったりと煙草をくゆらすのです。

煙草の吸い方にもいろいろなスタイルがあります。イライラしながらスパスパ吸う人もいれば、なんとなく火をつけて指に挟んでぼんやりと燃やしている人も。くつろぎタイムにゆったりと愉しむ人もいるでしょう。

ですからあなたも、煙草を忌まわしいモノとして断じていく前に、まずは自分がどんな状態で煙草を吸っているかを見直してみてください。**禁煙に取り組む前に、喫煙の状態を意識化する。モノとの関係性を問い直すがごとく、自分と煙草との関係を問い直す。**これこそが断捨離のプロセスです。

もしも、この過程を抜きにして「煙草とは身体に悪いモノ」「悪習慣だから禁煙しなくてはいけない」と自分を追い込んだとしても、どこか無理が生じてくるように思うのです。

もちろん、健康被害を少なくするという面で、煙草はやめるべきなのでしょう。けれど、私たちにとって「べき」「ねば」ほど、モチベーションが危ういものはありません。

だとしたら、今のところは煙草を存分に楽しめるように、吸い方を変えてみるのも一興だと思うのです。

「禁煙しなくちゃいけないのに、また吸ってしまった」と自分に罪悪感を上塗りしていくような吸い方ではなく。あるいは、「禁煙できない私ってダメな人間だ」と責めては、自己肯定感を下げていくような吸い方ではなく。一本の煙草をゆっくりと、長く味わってみるのです。

そうすれば、あなたと煙草との関係で生まれるのは「至福の時間」です。ああ、こうやって煙草を吸うと、なんて美味しいのだろうかと実感できる幸せ。禁煙に再挑戦する前に、そんな煙草の味わい方をしてみるのも面白いとは思いませんか。

そして、最後に。沖先生も三枝先生も、同じことを言っておられます。「煙草を吸って、ゆっくり吐き出すことほど、呼吸のトレーニングのなるものはない」と。

朝の時間を有意義に使うには？

いつもより少し早起きする「朝活」を始めたのですが、何をするのが一番有意義なのか分からず、いまいち時間を活用できていません。先生はどのような朝の時間を過ごしていらっしゃいますか？　モーニングルーティンなどがあれば、教えていただければ嬉しいです。

爽やかな空間で、毎日清々しい朝を迎える。これは、多くのダンシャリアンが目指し、実現していることです。大量の物置場と化した部屋で眠りについても、疲れが回復するどころか、疲れを持ち越したまま目覚め、どんよりとした朝を迎えることになるでしょう。そして、昨日と変わらぬぐったりとした一日が、また始まる……。

断捨離をして、モノが溜め込まれたままの空間がどれだけ眠りに影響しているか、気づいた方もたくさんいます。

ところで、私の朝活？　もともと、規則正しい生活とは無縁だった私。ずっと早起きは苦手でしたが、ありがたいことに断捨離のおかげか、それとも年齢のなせる業か、今はとても早起き人間となりました。私にとって早起きは、憧れのライフスタイルだったので、とても嬉しいこと。けれど、原稿の締め切りを追いかけている（追われている？）身としては、早朝・深夜を問わず、パソコンに向かっているのが現状です。朝活、夜活、深夜活のすべてをメルマガやブログの記事作成、雑誌や本の原稿執筆に費やしているといった具合ですから。

そんな生活を送っている私のアドバイスが、あなたの朝活のための思考にどれだけ参考になるかは心許ないばかりですが、なにも私はこの状況をいやだと思っている訳でも、ここから抜け出そうと思っている訳でもありません。大切な時間を、自分の一番大切な断捨離の発信で満たしているのですからね。

私は思うのです。**時間とは管理するものではなく、仲良くするもの**だと。そう、モノと仲良く、空間と仲良くするのがダンシャリアンだから。つまり、空間も時間も実は同じで、区別するものではありません。

自分の空間を、自分の「要・適・快」な「モノ」で満たしていくのが断捨離ならば、自分時間を、自分の「要・適・快」な「コト」で満たしていくのも断捨離です。

モノとの断捨離で「不要・不適・不快」と「要・適・快」を入れ替えていくという「新陳代謝の思考」を身につけていくと、時間にもそれを適用できるようになります。

だから、どうぞ安心してモノの断捨離を今以上に進めてくださいますように。そうすれば、朝の時間、いえ、朝以外の時間も、どんなコトでどう満たしていけばいいのか、あなた自身で考え、感じていくことができるようになっていくはず。

あなたの時間は、あなたのもの。私の時間は、私のもの。

どうぞ、そのことだけ覚えておいてくだされば幸いです。

やましたひでこ

一般財団法人 断捨離® 代表。東京都出身。早稲田大学文学部卒。学生時代に出逢ったヨガの行法哲学「断行・捨行・離行」に着想を得た「断捨離」を日常の「片付け」に落とし込み、誰もが実践可能な自己探訪のメソッドを構築。断捨離は、思考の新陳代謝をうながす発想の転換法でもある。処女作『断捨離』に続く、『俯瞰力』『自在力』（いずれもマガジンハウス）の三部作をはじめ、著作・監修含めた関連書籍は国内外累計500万部を超えるミリオンセラーになる。

『モノが減ると心は潤う　簡単「断捨離」生活』『モノが減ると家事も減る　家事の断捨離』『モノを減らして愉快に生きる　定年後の断捨離』（いずれも大和書房）はロングセラーに。近著には『1日5分からの断捨離　モノが減ると時間が増える』（大和書房）がある。著書はヨーロッパ諸国をはじめ21言語に翻訳されている。

ブックデザイン　守屋圭
イラスト　仲島綾乃
構成　岡橋香織

モノ・人《ひと》・心《こころ》の悩《なや》みが消《き》えていく
断捨離《だんしゃり》道場《どうじょう》

２０２１年　４月20日　第１刷発行
２０２２年　11月11日　第２刷発行

著者　やましたひでこ
発行者　鈴木章一
発行所　株式会社 講談社
〒１１２-８００１ 東京都文京区音羽２-12-21
電話　販売（０３）５３９５-３６０６
業務（０３）５３９５-３６１５

編集　株式会社講談社エディトリアル
代表　堺公江
〒１１２-００１３ 東京都文京区音羽１-17-18
護国寺ＳＩＡビル６Ｆ
電話　編集部（０３）５３１９-２１７１

印刷所　株式会社ＫＰＳプロダクツ
製本所　株式会社国宝社

ISBN978-4-06-522961-3